笠置シヅ子

信念の人生

ブギの女王！超絶伝説

柏耕一

河出書房新社

協力❖亀井ヱイ子〈本文写真所蔵〉
笠置シヅ子資料室
jingle
装幀❖スタジオ・ファム
カバー写真❖日劇「Lucky Come Come No.51-1」
（1950年／東宝事業部）表紙より
日本音楽著作権協会（出）許諾第2307900-301号

スター歌手の輝きの奥にあるもの——はじめに

笠置《かさぎ》シヅ子を知らなくても「東京ブギウギ」の底抜けに明るい曲調と歌詞なら、一度ならず聴いたことのある人は少なくないであろう。

オリジナルは昭和23年（1948）発売だが、近年でも福山雅治、氷川きよし、三《さん》瓶《ぺい》由布子、トータス松本、渡辺美里、夏木マリ等たくさんのアーティストにカバーされているからである。

終戦直後の暗く経済的にも困窮《こんきゅう》をきわめた世相の中で、この一曲が、どれほど時代の空気を変えたか、いまの人には想像できないものがある。

2023年10月放送開始のNHK朝の連続テレビ小説は、この笠置シヅ子をモデルに『ブギウギ』と題して放送される。視聴者の過半は笠置シヅ子を知らない世代である。まして彼女の数奇な人生模様など、知る由《よし》もない。

そこで本書では、歌手として頂点をきわめた笠置シヅ子の栄光の軌跡《きせき》を追うと同時に、まれに見る悲恋、生後すぐ養女になるなどのけっして平凡ではない人生模様をひも解いて、忘れられた大歌手の人間像に少しでも迫りたい。

大スターの人生には、しばしば余人にはないドラマがあって、それがその人の輝きをいっそう際立《きわだ》たせている。

宗教画家ルオーの画布《がふ》の陰影《いんえい》の深さは、絵の具を何層にも厚く重ね塗りした効果が大きい。単色の絵の具だけでは、つらい境遇《きょうぐう》に生きる人々の悲惨《ひさん》や救い主の救済《きゅうさい》、光は表現できない。

笠置シヅ子の明るく破天荒《はてんこう》に躍動《やくどう》する歌と踊りと舞台の魅力は、苦悩の人生が裏打ちしている。

笠置シヅ子という不世出《ふせいしゅつ》の「信念の人物」をよく知ることは、必ずやいまを生きるわれわれの力になると確信する。

朝ドラファンのみならず、多くの人に本書を読んでいただき、終戦直後に彗星《すいせい》のごとく現れた稀代《きたい》の大スターを再発見していただければ幸いです。

柏　耕一

1章 心躍るメロディ降臨！

2章　スター歌手の喜びと憂《うれ》い

3章 世紀の歌ブギウギとは

4章 香川の母、大阪の母

5章　恋と悲しみと結晶

1章　心躍るメロディ降臨！

❖「東京ブギウギ」誕生の直前に…

戦後、またたく間に「ブギの女王」と呼ばれ爆発的な人気を博した笠置シヅ子だが、そこには窺《うかが》い知れない数奇な運命ドラマがあった。

昭和20年（1945）当時、31歳の笠置には結婚を約束した人がいた。2年前に知り合った相手は笠置より9歳年下の早稲田大学仏文科の学生で、名前を吉本頴右《えいすけ》という。彼は結核のため学徒動員は免除されている。

彼は芸能事務所の吉本興業創業者・吉本せいの次男だった。

笠置は20年5月の東京大空襲に被災して、住むところを失った。人の紹介で、頴右と荻窪のフランス人宅で同居することになった。

他の家族もいたので気兼ねも多かったが、二人が曲がりなりにも夫婦らしく生活をともにしたのは、この1年ほどであった。

せいには早くに死別した夫・吉兵衛（享年37）との間に二男六女の子どもがいたが、

長男の泰之助は夭逝《ようせい》していた。また、成人したのは頴右以外に三人の娘だけだった。

それだけに、せいの頴右にかける期待と愛情は強かった。

せいにしてみれば、笠置がOSK(大阪松竹歌劇団)のトップスターとはいえ、9歳年上の芸人を嫁に迎えることには大いに抵抗を感じたはずである。なにしろ頴右は、ゆくゆくは吉本の後を継ぐ御曹司《おんぞうし》なのである。

巷間《こうかん》伝わるところ、せいは二人の結婚には大反対だったようだ。芸人の裏も表も知り尽くすせいにしてみれば、一般人以上の理解もあれば、不安もまた大きかったかもしれない。

笠置と暮らし始めた頃の頴右は、早稲田大学を中退して吉本の東京支社で働いていた。学生の身では、とても笠置との結婚をせいに認めてはもらえないだろうとの判断が働いたようである。

頴右は、病弱なせいの懇望《こんもう》と笠置のすすめもあり、兵庫県西宮の実家に帰郷することとなり、大阪の本社で働くことになった。

せいには林姓の弟が二人いて、実質的に吉本の経営を切り盛りしていたが、いずれ後継者は顕右というのが既定路線であった。顕右は折りを見て、母や叔父に笠置との結婚の承認を取り付ける手筈《てはず》となっていた。

そのうち笠置の妊娠が判明した。顕右にも知らせ、子どもが生まれれば吉本家に入籍する予定であった。

しかしそんな最中、運命はいっきに暗転する。昭和22年（1947）5月、顕右は西宮市の実家で急逝《きゅうせい》してしまう。享年24。結核が急速に悪化したのである。


笠置は出産のため産院に入院中で、東京の吉本関係者から、その知らせを受けることとなった。笠置にとって驚天動地《きょうてんどうち》の知らせだった。

いまと違って通信環境は貧弱で、遠く離れた彼の病状を日々把握していたわけではなかった。大阪の幹部も笠置には心配をかけまいと、顕右の病状を詳しくは伝えなかったようだ。

初めての出産の不安もある。出産予定日も5日、6日とずれていく。傍《かたわ》らには頼りになる人は誰もいない。まして夫の死に目にも会えなかった。目からあふれた涙は、

日劇の楽屋にて、生後4か月の愛娘・ヱイ子を抱く(昭和22年)

とめどなく頬を濡らした。

6月1日、女児が無事に誕生した。顯右の遺言では、生まれた子が女の子だったら、「エイ子」とするようにとあった。

笠置はベッドの上で、わが子の顔をひと目も見ることもなく亡くなった顯右の無念に思いをはせ、酷薄《こくはく》な運命を呪った。

いずれにせよ、顯右の死は青天の霹靂《へきれき》だった。彼女は4か月前の2月には、身重の身ながら日劇で「ジャズ・カルメン」に主演していた。

しかし、出産後は芸能界を引退して、家庭に入ると決めていた。20年におよぶ芸歴を捨てるという決心だったが、そこには、平凡だがしあわせな生活が待っているはずだった。

顯右の突然の死により、笠置は産褥《さんじょく》の中で途方に暮れる思いであった。

そんな中、顯右から吉本関係者を通じて、3万円(現在の貨幣価値では300万円〜450万円か)が記帳された通帳と印鑑を手渡されたが、これとて、一生を保証する金額ではない。

しかし、いつまでもうつろな思いに浸っていても道は拓《ひら》けない。食《く》い扶持《ぶち》は二つになったのだ。

「東京ブギウギ」誕生直前には、こんな悲しい出来事があった。だがこの悲劇がなければ「ブギの女王」の誕生もなかった。これを人生の皮肉と呼ぶべきか、それとも、酷《むご》い天の配剤《はいざい》だったのだろうか。

そのようなことなど知る由《よし》もない笠置だが、もはや敢然《かんぜん》と芸能のミューズへの道を突き進むしかなかった。

❖服部良一の前に現れた、まさかのプリマドンナ

人には運命的としかいえない出会いがある。笠置シヅ子にとって作曲家の服部《はっとり》良一《りょういち》は、まさにそのひとりといえよう。

ところが面白いもので、服部にとって笠置との最初の出会いの印象は、まったくそんなものではなかった。

服部は、昭和13年（1938）の4月にはSGD（松竹楽劇団）の副指揮者をしており、4月28日には帝劇で「スヰング・アルバム」十二景の出し物を予定していた。服部は、淡谷のり子の「別れのブルース」が大ヒット中の作曲家でもあった。

この公演の目玉は、大阪松竹歌劇団に所属するトップスターの笠置だった。服部は笠置の名前こそ知っていたものの彼女の顔は知らなかった。

初めて笠置と稽古場で打ち合わせをするとき、「どんなすばらしいプリマドンナかと期待に胸をふくらませた」と、服部は自著『ぼくの音楽人生』で次のエピソードも含め回顧《かいこ》している。このとき笠置は23歳だった。ちなみに服部は31歳である。

「あ、笠置クンがきました。音楽の打ち合わせをしましょう」と担当者が声をあげる。

その声で服部は、ごった返す稽古場に目を向けるが、プリマらしきそんな女性はどこにもいない。

いるのは、薬びんをぶらさげ、結膜炎でも患《わずら》ったかのように目をショボショボさせた小柄な女性だけである。

ブギウギの作曲家・服部良一とのレッスン

服部にいわせると、裏町の子守り娘か出前持ちの女の子がいるだけだ。

まさか彼女がトップスターとは思えないので、あらぬ方向へ目を泳がせていると、目の前にきた女性が「笠置シヅ子です。よろしゅうたのんまっせ」と挨拶するではないか。

服部にしてみれば、鉢巻きで髪をひっつめ、八の字もかくやの下がり眉のショボついたその女性が、まさかトップスターとは思ってもみなかった。彼はすっかりまごついてしまった。


ところがその夜。舞台稽古が始まると服部は、さっきまで目をしょぼつかせていた笠置に、ふたたび「大いに驚かされる」ことになる。

3センチはあろうかと思える付けまつげをつけた笠置は、服部がタクトを振るうオーケストラの演奏にピタリと合わせて、「オドッレ! 踊ッれ!」とパワフルに歌い踊るのである。

笠置の150センチの小柄な体が、稽古場でエネルギッシュに躍動する。ただでさえ大きな口を全開にしてうたう歌は迫力満点である。

その落差の大きい変身ぶりに、度肝を抜かれた服部はたちどころに、すっかり笠置のファンのひとりとなったのである。

これが、その後の二人の長い師弟関係の始まりであった。

❖かくして「東京ブギウギ」は生まれた

そもそも「ブギウギ」（Boogie Woogie）はアメリカ発祥である。ジャズピアノの奏法で、左手でリズムを繰り返し、右手で即興的に変奏していく。

１９３８年に「ブギウギの父」と呼ばれたジミー・ヤンシーの後継ミュージシャンたちがカーネギー・ホールで演奏したことから、ブギウギは全米に広がっていった。

１９４２年頃、上海にいた服部良一がブギウギの楽譜を手に入れて、ピアノで弾いてみた。リズムもブギウギの語感もいい。戦時下ではいざしらず、服部はいつか日本で…と思った。

ヱイ子を出産した笠置シヅ子が、戦前から指導を仰ぐ恩師の服部に身の振り方を相談したのは自然なことだろう。

すでに淡谷《あわや》のり子の「別れのブルース」「雨のブルース」、高峰三枝子の「湖畔《こはん》の宿」、霧島昇・渡辺はま子の「蘇州《そしゅう》夜曲」など、数々のヒット曲を書いていた服部は、彼女にとっていちばん身近で、もっとも頼れる存在であったに違いない。

悲嘆《ひたん》のどん底にあった笠置だが、娘ヱイ子のために泣いてばかりはいられない。芸能界復帰へ向けて、頭をもたげて動きだすしかない。

笠置は「センセ、たのんまっせ」と、生来《せいらい》の明るさで服部に頼むのである。

彼女の苦しみを吹っ飛ばす曲を書かねばならない。服部が心に決めた瞬間である。

笠置には、どんな曲想がいいのだろうか。それが難しかった。ブルースも考えたが、音楽に詳しい知人からは「暗い」と難色を示された。パンチのきいた歌と踊りが笠置の持ち味。ブルースの曲調とは相いれない。

電車に乗った服部が車内を見渡せば、戦後の食うや食わずの貧しい日々を送る乗客たちは、一様に疲れ切っていた。

そんな姿を見るにつけ服部は、知人の「ぐんと明るいリズムがいい」というアドバイスを受けて、「それならブギウギだ」と思いいたる。ブギウギにはブギウギ誕生の時代背景が必要だった。


当時の世相をここでちょっと振り返っておくのも、あながち無意味ではないだろう。なにしろ「歌は世につれ」なのだから。

軍歌は平和な時代には生まれない。国民の戦意を鼓舞《こぶ》する国策もあるが、それを求める民意もある。「〽若い血潮の　予科練の　七つボタンは　桜に錨《いかり》」で始まる「若鷲《わかわし》の歌」。レコードは昭和18年（1943）9月発売だが、23万枚超の大ヒットとなっている。

さて、昭和22年（1947）当時は戦後の混乱期の真っ只中で、なにしろ電力不足により、週に3日は24時間の計画停電が実施されていた。

筆者は昭和21年生まれだが、幼い心にその後かなりの年月にわたって停電の多かったことだけはよく覚えている。ローソクは各家庭の必需品であった。

そのうえ、国民は飢えていた。闇米《やみごめ》を買うことなく、当時の悪法に殉《じゅん》じて餓死した判事がいて話題になったのもこの頃である。

食糧といえば、面白い話がある。日本じゅうがカボチャやイモなどの畑作りに勤《いそ》しんだ。となると畑荒らしが跋扈《ばっこ》することになる。

業《ごう》を煮やした生産者は「作る身にもなってくれ」と、立札を立てて泥棒に懇願した。ところが、「同じく盗《と》る身にも」と脇に書き添えられてしまう始末。

ついには都内では「被害ゼロの立札」が立てられた。「この畑のカボチャのどれかひとつに青酸カリが注射してあります」——。それほど、当時の庶民は背に腹は代えられないせっぱ詰まった状況にあった。

こんな世相背景があればこそ、稀代のスター笠置シヅ子は生まれ、時代の寵児《ちょうじ》となりえたのである。

話を戻すと、笠置の再起の曲を引き受けてしばらくして、服部は電車の吊り革につかまっているとき、ふと曲想が浮かんできた。

「ツツ・ツツ・ツツ・ツツ……ッ、ラ、ド、ミ、レドラ……」

すぐに電車を降り駅前の喫茶店に飛び込んで、服部は手元のコースターの裏にオタマジャクシを書きつけた。ウキウキするリズムは途切れることなく、曲はまたたく間《ま》にできた。タイトルもすぐに決まる。

「東京ブギウギ」——。

あとは歌詞を付けるだけである。そこで服部はハタと思いついた。

「新しいリズムには、既成概念のない新しい作詞家がいい」

思い浮かんだのがコロムビアレコード本社に出入りしていた、世界的な禅哲学者・鈴木大拙《だいせつ》の息子(養子)でジャーナリストの鈴木勝《まさる》である。

鈴木はコロムビアレコード所属の池真理子に懸想《けそう》してコロムビア本社に頻繁に出入りしていたため、服部とは顔見知りだった。

しばらくして、鈴木が詞を書いてきた。ただ、やはり素人だけあって服部の補筆《ほひつ》が必要だった。苦労した末にできあがった歌詞は、心が弾《はず》むように明るく、祝祭感あふれる仕上がりになった。敗戦後の暗い世相など微塵《みじん》も感じさせない歌詞である。

東京ブギウギ　リズムウキウキ
心ズキズキ　ワクワク
海を渡り響くは　東京ブギウギ
ブギの踊りは　世界の踊り
二人の夢の　あのうた
口笛吹こう　恋とブギのメロディ
燃ゆる心のうた　甘い恋の歌声に
君と踊ろよ　今宵も月の下で
東京ブギウギ　リズムウキウキ
心ズキズキ　ワクワク
世紀のうた　心のうた　東京ブギウギ　ヘイー
（作詞 鈴木勝、作曲 服部良一）

こうして曲と詞が渾然《こんぜん》一体となって完成した「東京ブギウギ」は、笠置シヅ子を悲しみの淵《ふち》から救いあげるばかりか、日本じゅうを熱狂の渦に巻き込んでいくのである。

❖GIたちが録音スタジオで大合唱

「東京ブギウギ」の曲が完成すると、スタジオ録音が待っている。この録音にあたって服部良一は、『ぼくの音楽人生』に愉快なエピソードを書き残している。

そもそも作詞の鈴木勝は、それまで詞をつくる経験がなかった。それを服部は、新しいリズムにはフレッシュな作詞を、と考えて鈴木に白羽の矢を立てたことは前述した。鈴木は英語が堪能《たんのう》で男前である。当時、彼は駐留米軍の通訳をしていた。

レコードの収録は昭和22年（1947）9月22日に決まった。そのころ、コロムビアレコードの吹き込み所は、東京・内幸町の東洋拓殖ビルの中にあった。

このビルの隣にあったのが政友会ビル。当時、政友会ビルは米軍に接収されていて、中に下士官クラブがおかれていた。

その下士官クラブにも出入りしていた鈴木は、初めての作詞曲の収録で舞い上がっていて、下士官の誰彼なしに収録を吹聴《ふいちょう》し、「見に来いよ」とでもいっていたのだろう。当日、吹き込み所のスタジオには、白人や黒人の下士官連中がゾロゾロと集まりだした。手にはビールやらコーラをぶら下げている。

彼らはレコーディングスタジオにまで入り込んできて、しまいには笠置シヅ子やコロムビア専属オーケストラまで取り囲んでしまった。

アメリカがルーツのブギウギを、いったい日本人がどう歌いどう演奏するのか、興味津々《しんしん》だったに違いない。

さあ困ったのは、レコーディング・ディレクターである。進駐軍には気をつかわざるを得ない。あからさまに迷惑顔もできない。

相談された服部は肚《はら》をきめた。

「いいでしょう。かえって盛り上がるかもしれない」

もうそのころには、近くの将校宿舎や軍属クラブなども噂を聞きつけて、将校クラスの軍人まで集まってきている。鈴木は責任を感じている様子だったが、状況は、もう彼の手に負えるものではない。

しかし、レコーディングが始まるやいなや、直前までのざわめきがピタリと止《や》んだ。下士官や将校たちの体が自然とスイングしている。咳ばらい一つない。

パンチのきいた笠置の歌声、それを引き立てるビート感あふれるコロムビアオーケストラの演奏。

ブギに酔ったGIたちは、OKランプが点《つ》くや大騒ぎである。彼らは大歓声を上げるばかりか、そのあとは「東京ブギウギ」の大合唱になった。

GIたちにしてみれば、日本人歌手がブギをこんなに見事に歌うなど、まったくの予想外だったのだろう。その興奮が大合唱になったのだ。

服部は、GIたちが持ち込んだ貴重なビールやウィスキーを飲みながら、アメリカ人に大ウケした喜びを噛みしめていた。

そのとき服部の心中には期するものがあった。「ブギは日本人にも、きっと受け入れられる！」——。

❖時代は、笠置のブギに熱狂した

どんな歌でもそうだが、レコードは自然発生的に売れることはまずない。売るためには広報宣伝の仕掛けが必要となる。

「東京ブギウギ」のレコードの発売は、昭和23年（1948）1月が予定された。最初の試みとして、笠置シヅ子が出演予定の大阪梅田劇場の舞台で歌うことにした。このときは「セコハン娘」（作詞　結城雄次郎）と共に「東京ブギウギ」が歌われた。

反応は上々であった。当時の大阪人は新しもの好きなのか、すこぶるノリがいい。服部によると「東京ブギウギ」は、まず大阪で火がついたという。

いっぽう、東京ではどうか。

世間の流行に敏感な政治マンガの第一人者・近藤日出造《ひでぞう》、風俗漫画の杉浦幸雄、大学帽をかぶった「フクちゃん」の横山隆一らの「漫画集団」が、日劇のマンガショーに出演していた。

服部がその楽屋へ陣中見舞いに訪れると、なんと壁に「東京ブギウギ」の歌詞を書いた大きな貼紙がある。

「これはいいですよ。みんな一度で好きになっちゃった」と、横山隆一が真顔でほめてくれる。東京でもヒットの芽生えを実感させられた。

レコード発売に合わせて、山本嘉次郎《かじろう》監督の正月映画『春の饗宴《きょうえん》』では、主題歌として「東京ブギウギ」が歌われた。


「東京ブギウギ」は、昭和22年（1947）9月にレコーディングされたが、同じ月の大阪梅田劇場で、はじめて舞台披露された。つづく10月からの日劇公演「踊る漫画祭・浦島再び龍宮へ行く」でも「東京ブギウギ」が歌われると、これが爆発的ヒットにつながった。

服部いわく「トッ、オッ、キョ、ブギウギ！　というバイタリティーあふれる独特の歌い出しで、超満員の劇場は早くも興奮のるつぼと化した」。

この上演に際して、服部は笠置にこうアドバイスをした。

「とにかくブギは、からだを揺らせてジグザグに動いて踊りながら歌うんだ」

そこで笠置は自分なりに振り付けを工夫して、かかとの高い赤のハイヒールで舞台狭《せま》しと踊るスタイルを確立した。


世間に熱狂的に受け入れられた〝笠置ブギ〟を、服部は次のように分析している。

「笠置シヅ子は、復興をいそぐ敗戦国日本の、苦しさから立ち上がろうとする活力の象徴のように大衆に感じられたのではあるまいか。そして、底抜けに明るい『東京ブギウギ』は、長かった戦争時代を吹っ切らせ、やっと平和を自分のものにしたという実感を味わわせてくれる……と、多くの人がこもごもに語った。『東京ブギウギ』は平和の叫びだ、と」

まさに服部のいうとおりだろう。時代は「東京ブギウギ」を待っていたのだ。

「東京ブギウギ」の大ヒットでブギの時代が幕を開ける。以降、服部は彼自身の作曲だけで三十数曲のブギをものにし、その大半を歌った笠置は「ブギの女王」の名をほ

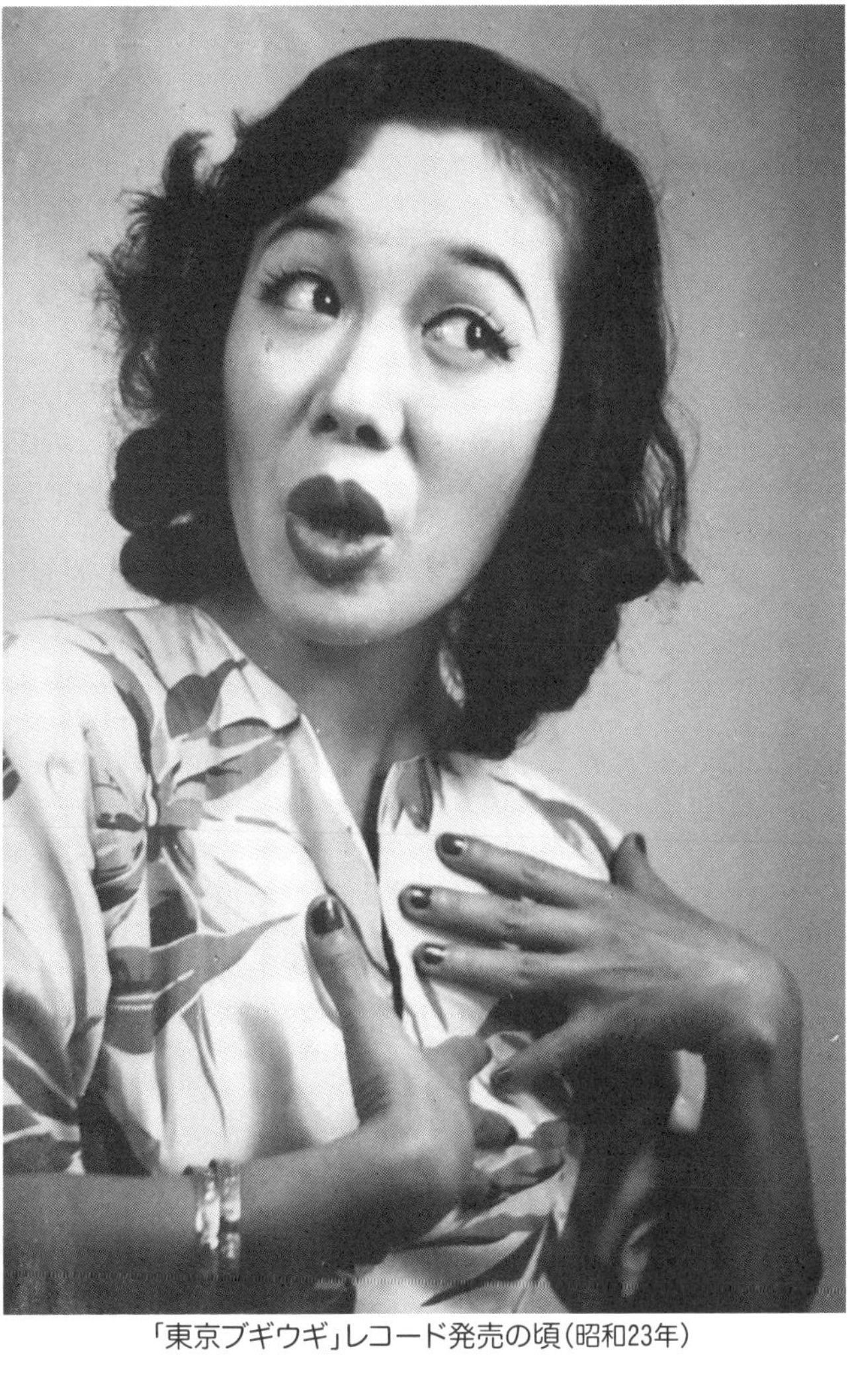

「東京ブギウギ」レコード発売の頃（昭和23年）

しいままにしていくのである。

昭和24年（1949）には著名文化人の女性高額納税者で笠置はトップになった（ちなみに男性部門は『宮本武蔵』で有名な作家の吉川英治）。

これ一つをとっても笠置の人気がいかに爆発的だったかよくわかる。ブギを歌い始めてわずか2年後のことであった。

しかしながら、「禍福《かふく》はあざなえる縄《なわ》のごとし」で、稼いだ金のほとんど、350万円（いまなら億単位か）をマネージャーに使い込まれてしまった。笠置が新居の建築資金に予定していた金だった。

いまは亡き顥右が紹介してくれたこのマネージャーとは家族ぐるみの付き合いで、全幅《ぜんぷく》の信頼を寄せていた笠置のショックは大きかった。

月並みな表現だが、笠置の人生はジェットコースターもかくやと思わせる。「東京ブギウギ」以降、そんな世俗《せぞく》の塵《ちり》にまみれながらも、時代は笠置をさらなる大スターへ押し上げていくのである。

2章　スター歌手の喜びと憂《うれ》い

❖かの大女優は、笠置シヅ子の追っかけ

「子年《ねどし》のくせに巳年《みどし》の如く執念深い私は、撮影の合間を縫《ぬ》い電車に飛び乗り、丸の内から浅草くんだりまで、笠置シヅ子のステージというステージを追いかけてまわった」

これに続けて、

「日劇の広いステージに、小柄な彼女がニッコリと目尻を下げて現れると、ステージいっぱいにパアッと花が咲いた」

と書く。

誰あろう、これは笠置シヅ子の追っかけを自認する戦後の大女優・高峰秀子《たかみねひでこ》が、自伝『わたしの渡世《とせい》日記』に書いたものだ。

笠置の魅力を高峰は、「突如《とつじょ》歌謡界に笠置シヅ子のパンチのきいた、歌唱力に、私は全く魅了された」と述べている。

高峰は自身が主演する映画の完成試写会にも行かないというほどクールな人物であ

る。そんな彼女が、いまのミーハーのようなことを言っているところが意外であり面白い。

高峰の〝追っかけ〟は昭和23年（1948）「東京ブギウギ」のヒットから始まったが、昭和24年には2人は映画『銀座カンカン娘』（山本嘉次郎監督）で共演を果たしている。

高峰は「『銀座カンカン娘』の収穫は笠置シヅ子と共演できたこと」とまでいっている。映画はむろんのこと高峰の歌う「銀座カンカン娘」のレコードも50万枚（当時）の大ヒットとなる。

笠置も劇中で高峰や岸井明らと共に、この歌を歌っているのが貴重である。

高峰は4歳のときに実母と死別して、父の妹の志げの養女となる。だが、高峰を子役の頃から金の生る木《な》としか考えないこの養母との軋轢《あつれき》は、『わたしの渡世日記』の読みどころになっている。

高峰は笠置より10歳年下だが、生まれてすぐに養女に出された笠置の生い立ちを知っていたのではないだろうか。知っていたら、なおさら親近感を覚えたに違いない。

高峰は、女優としては並外れて知性派である。彼女がこれほど笠置のファンになったのは、笠置の自分にはない野性味と底抜けの明るさに惹《ひ》かれたのであろう。

『銀座カンカン娘』で共演する二人は、どこかリラックスして楽しそうである。高峰の歌う主題歌の歌声は若々しく、端正《たんせい》で透明感があり、笠置の歌と比べてみるとなおのこと興味深いものがある。

高峰は後年、スパッと歌手を引退した笠置の潔《いさぎよ》さに賛辞《さんじ》を贈っている。これは高峰の女優引退の際も同じことで、二人には共通点が多い。

筆者も編集者時代に、趣味の骨董や仕事で高峰とはささやかながら交流したことがある。高峰が笠置のファンと知ってことのほか嬉《うれ》しい。

❖心をゆさぶられた「放浪記」の林芙美子

花の命は短くて苦しきことのみ多かりき

これは作家の林芙美子《はやしふみこ》が好んで色紙に書いた言葉である。林は戦前、『放浪記《ほうろうき》』がベストセラーになり、戦後は『晩菊《ばんきく》』『浮雲《うきぐも》』などの名作を著《あらわ》す。昭和26年（1951）に47歳で没した。流行作家であり、その名前が世間にひろく知れわたっていた。

その林は、ラジオから流れる笠置の歌声を聞いて以来のファンであった。二人は笠置の楽屋で直接会ってもいる。「東京ブギウギ」より以前のことである。

林は、笠置のどこを買っていたのだろうか。そのへんのことに関して、林は笠置の自伝『歌う自画像』の中に書き残している。

「私は日本の歌手では淡谷のり子、渡辺はま子といった人たちが好きであった。だが笠置シヅ子のように複雑きわまる舞台アングルを持った歌いぶりは、以上の二人にはない。全身で踊り、全身で歌う。鼻翼《びよく》をふくらませ、両手を伸び伸びひろげ、舞台に蜃気楼《しんきろう》を打ち建てる。私はパリで観たジョセフィン・べエカアを想い出した」

「楽屋で見る笠置シヅ子は非常に人間的で、女らしく、美しい婦人だと思った。豊富な心のタンレンがもたらしたものか、彼女は年を取らない型の女性と見えた。私は何も言いあったわけではないけれど、彼女の中に何かしら共感を呼ぶものを持って、私の心をゆさぶった」

林は、暗い現実を詩情豊かな文体で描く作家である。それは、彼女の成育歴と無縁ではあるまい。

父・宮田麻太郎と母・キクの間に生まれたものの、父は林芙美子を認知せず、彼女は母方の叔父の戸籍に入った。実父の浮気で、母娘は番頭の沢井喜三郎と共に行商人となって、九州の炭鉱町をまわった。

当然、林は小学校を何度も転校した。こんなところにも、生後すぐ養女に出され、親の仕事の関係で5回も小学校を転校した笠置との共通点が見てとれる。

林は『放浪記』を出した頃は、サロンの女給をしていた過去などから、世間や文壇から軽く見られがちだったし、戦争中は軍部に協力したとして、戦後は不本意な評価を甘受《かんじゅ》しなければならなかった。

その屈辱をバネに戦後の林は、流行作家として書きに書きまくった。文名は上がったものの、林は屈折した思いをつねにかかえていた。それが文壇秩序を乱す発言にも

有楽座の楽屋にて、親交のあった作家・林芙美子と（昭和23年）

なって、周囲の顰蹙《ひんしゅく》を買うことも多かった。

そんな林にとって、昭和6年（1931）にパリにわたり、薄暗い寄席で聞いたシャンソニエールの思い出は強烈で、また甘美でもあった。それゆえ彼女は、パリのシャンソニエールのみならず、日本でも陰影《いんえい》のある歌手を好むのではないだろうか。

林にとって笠置は、たんなる流行歌手ではなく、自分の鬱屈《うっくつ》した心情を預けられる同じ体質・匂いを感じる歌手なのである。

その証拠に林は、「彼女がパリで生まれていたならばと、私はふっとパリの小さな寄席の数々を思い出していた」と回想する。

林の目からすると笠置は「日本でただ一人のオトナの歌手」だ。笠置の歌から、「しっとりと春の雨に濡れたマロニエを思わせる巴里風の湯気がゆらゆらと立ちのぼってくる」と詩的に表現する。

これは決して贔屓《ひいき》の引き倒しではなく、強烈な原色を身にまとってはいるが、一面都会的で大人の香りがする笠置の本質的な部分を言い当てている。「ブギの女王」には、そんなスパイスが隠し味となっている。

❖東大総長が後援会長、夜の女たちが殺到

笠置シヅ子の熱いファンは、高峰秀子や林芙美子だけにとどまらない。後援会長は現職の東大総長、南原繁《なんばらしげる》である。笠置の実父と彼が、郷里香川県の中学の同級生という縁からだった。

それ以前にも南原は、人気歌手の笠置が同級生の娘ということを知って、総長室に招くなどして親交を深めていた。

なにしろ南原といえば昭和22年（1947）5月に、アメリカとの単独講和を主張した吉田茂首相に対して、中国やソ連など全交戦国との全面講和を主張して、吉田から「曲学阿世《きょくがくあせい》の徒《と》」と批判された、当時、日本を代表する進歩的知識人である。

笠置のファンはじつに幅広く、作家でいえば三島由紀夫、田村泰次郎《たいじろう》、吉川英治。画家なら梅原龍三郎《りゅうざぶろう》。女優では田中絹代《きぬよ》、初代・水谷八重子、山田五十鈴《いすず》と、枚挙《まいきょ》にいとまがない。

なかでも異色なのは、いわゆる〝夜の女〟といわれる人たちだった。日劇で公演があれば彼女たちは大挙して押しかけ、花束を渡すなどして熱心に笠置を応援するのである。

戦後すぐのことであるから、夜の女たちの大半は戦争未亡人など、経済的に困窮《こんきゅう》をきわめた女性たちだった。

生後間もない乳呑児《ちのみご》をかかえながら、明るく奔放《ほんぽう》なステージを繰りひろげる笠置に、彼女たちはどんな共感を寄せたのだろうか。苦しい現実をつかの間忘れさせてくれるスターへの憧れだろうか、それとも自分たちの未来への希望だろうか。

昭和25年（1950）6月6日から1週間の日劇「ブギ海を渡る」（78ページ参照）の最終公演、12日の千秋楽は日劇始まって以来の超満員で、入りきれない観客があきらめきれずに、劇場の外を取り巻いたという。

そんな日もお姐《ねえ》さんたちは、1階の最前列かぶりつき席に200～300人が陣取って嬌声《きようせい》をあげたというから、彼女たちの熱狂ぶりが知れる。

笠置はそれからおよそ10年後、週刊誌『娯楽よみうり』の連載対談「おしゃべり道

日劇の楽屋にて、出番前の笠置シヅ子

中」の中で、ジャーナリスト大宅壮一《おおやそういち》から「彼女たち」との交流を聞かれて、こう答えている。

「まだつき合いしています。誕生日にはあねご連中がちゃんときます。大阪のあねごが一人胸が少し悪くて、徹底的に治すというので、東京中野の国立病院に入っています。先だってお見舞いにも行ってきました。いろんなところでずっとつき合いしています」

笠置の夜の女たちとの交流は、コメディアンの古川ロッパの日記にも出てきており裏付けられる。それだけ笠置の情が深いのだろうが、それだけではあるまい。

笠置は、自分の芸を認め応援してくれる人なら損得抜きなのだ。そして縁が一度できれば、大事にする性分である。

日劇や東宝の重役を歴任した秦豊吉《はたとよきち》は、人気絶頂のころの笠置の舞台を自著『芸人』でこう記す。

「……しかしブギの女王と呼ばれるに至ったのも、笠置の勉強は勿論のこと、その上に服部先生のお陰だが、笠置の全身を貫く芸人魂、他人に負けずに驀進《ばくしん》しようという魂は、はっきり芸人魂だ。これが舞台から見物に真っ向からぶつかってゆくから、一番先に丸の内の姐さん方がファンになって、花束を投げるという風景になった。世界の芸人で姐さん方が劇場に押し寄せて歓声をあげるなんて例は、どこにもありはしない」

同じようなことを服部も書いている。

「日劇のステージにかぶりつき、花束をもち、目を輝かせた彼女たちの姿を見ない日はなかった」

このような熱狂的なファンに支えられた「ステージの恍惚《こうこつ》」こそ、笠置の彼女たちへの終生変わらぬ感謝の原動力だったのかもしれない。

❖カンの鋭い、芸魂の歌姫

どうやら「ショーマンシップ」というものは、天性のようである。演出の工夫もあるだろうが、世の中には誰にいわれなくてもショーマンシップを発揮できる人がいる。

いちいち名前を挙げないが、舞台に出てくるだけで観客が歓声をあげる人がいる。いわゆる華《はな》がある人である。

まさに笠置シヅ子はそれであった。「買物ブギー」がヒットしていたころの舞台上の笠置の姿を、服部良一は『ぼくの音楽人生』で次のように評価している。

「ステージ上では、ぼくが言う前に、笠置君は、エプロン姿に下駄履《げたば》きといういでたちを作り、舞台の袖から出てくるときも、イントロに乗って飛び出してきて、タカタカタカタカ、ボンボン、というリズムに合わせ、下駄でみごとなタップをふんだものである。

笠置君は誰もが言うように芸魂の人であり、不出世のショーマンだったのである」

その音楽と演出で、ブギの時代を笠置とともに疾走した服部の言葉だけあって重みがある。

また「体当たり」の歌や踊りという言葉は当時はなかった。その言葉にふさわしいのは笠置ひとりである。彼女もそれを自覚していた。

後年、LP「懐かしの針音 笠置シヅ子」のジャケットの解説で、音楽プロデューサーのインタビューに笠置は、次のように答えている。

「日劇の舞台がありますやろ。袖のずっと奥から駆け出してきて、センターマイクのところで急ブレーキをかけて止まる。そこに熱気が生まれますのや。見えんからゆうて、のろのろ出て行ったらあかん」

笠置のエネルギッシュな舞台には、こんな熱量と工夫が隠されていた。そこには、つねにお客さんに喜んでもらいたい…という笠置のサービス精神と芸魂があった。たとえば「買物ブギー」では、激しい動きとタップで、下駄を何足も割ってしまったほどである。

そんな笠置なので、勢いあまって舞台から転落することを危惧《きぐ》して、マネージャーはつねに舞台の傍《かたわ》らで待機し、息を抜くことができなかった。

もう一つ笠置の長所を挙げれば、ひじょうにカンがいい。カンが鈍い人は物覚えも悪ければ、観客や演出家が何を求めているか、すぐに理解できない。

音楽評論家の旗一兵《はたいっぺい》は、笠置のカンのよさをほめている。

たとえば「ジャングル・ブギー」をラジオで放送したときのこと、事前の打ち合わせが不十分だったため、音楽の尺が余ってしまった。もちろん当時は生放送である。そこで笠置は咄嗟《とっさ》に「ウワオワワオワオ」と歌いながら、タイムを計って最後の章節までつないでいった。

あるいは同じくラジオ放送で、今度はテンポが速すぎて、周囲はどうなるかと固唾《かたず》をのんでいると、笠置は楽団に手まねで演奏をストップさせて、無伴奏で一節を歌い、その間にテンポを調節させたのである。

こんなとき臨機応変に対応できなければ放送事故になる。これは経験と度胸と天性のカンの持ち主にのみできる芸当である。

❖大阪弁を武器にするローカル人

明石家さんまなどの活躍で、大阪弁・関西弁に抵抗感をもつ日本人はまるでいないといっていいだろう。

ＴＢＳテレビの『家族そろって歌合戦』（１９６６年〜８０年）の審査員をしていた笠置シヅ子を覚えている人はお気づきだろうが、彼女のつかう大阪弁には味があって優しく、「よろしゅおまんなあ」といわれれば、どんな家族でも顔をほころばせたものである。

テレビドラマ出演でも、笠置は大阪弁をつかう役柄にこだわった。というより、東京弁の役は皆無に近かったのではないだろうか。

その背景には、１９５０年代半ばからテレビや映画・舞台などで「暖簾《のれん》」「大番《おおばん》」「桂春団治」「大阪物語」「猫と庄造と二人のをんな」などの作品がヒットして、関西弁に対する抵抗感が薄くなったこともある。

笠置は19歳で東京に進出して以来、東京の言葉になじんでも大阪弁を捨てることはなかった。それからおよそ20年後、笠置が日劇に出演していたとき、大阪出身で夫婦《めおと》漫才で人気のミヤコ蝶々《ちょうちょう》・南都《なんと》雄二がゲスト出演した。

彼らが笠置にしみじみいったそうである。「この言葉の通じんとこで、笠置さんよう長いことといてはりまんな」と。

そこで笠置は「なにいいはるえ、きょうび、よう通じまんね、わて」と返す。「きょうび」とは「このごろ」のことである。

大阪弁を捨てなかったことは、笠置の信念でもあった。『娯楽よみうり』の大阪弁をめぐる座談会で、笠置はその心中《しんちゅう》をこう吐露《とろ》している。

「もう初めから(東京言葉を)絶対使わんとこう、中途半端はいややという気持ち」しかし、長いあいだ東京で活躍していれば、どうしても知らぬうちに東京言葉がまざってくる。このへんのことについて、笠置はこう話す。

「榎本健一先生(エノケン)と一緒に映画に出たときに、方言が多すぎると客にわからんよってに、東京の人にわかる大阪弁に直してくれよ。映画は北海道から鹿児島まで行くよってに、どこの人にもわかるような大阪弁に直してくれや。そうしなきゃ君が損だよ、というて教えてくれた。そやよってに、もうまざってま」

言葉づかいも、信念を貫きとおせば個性になる。劇作家の寺山修司の青森訛《なま》り、歌手の千昌夫の岩手訛りも同じこと。

その点、笠置は自他ともに認める頑固なところがある。大阪弁は京都弁のような雅《みやび》な言葉ではないが、庶民的でやわらかい。

東京人からするとがさつでとらえどころがないとなるのだが、笠置の大阪弁は相手に庶民性と大阪女の意気地《いきじ》を感じさせる。

東京弁をしゃべる笠置を想像することができない。これは笠置の賢いところである。

いっぽう、戦後、映画「羅生門《らしょうもん》」「地獄門」「雨月《うげつ》物語」に次々と出演し、海外の映画祭で相次いで受賞してグランプリ女優としてもてはやされた京マチ子は、大阪出身で大阪松竹少女歌劇団に入団し、娘役でスタートしている。大正13年（1924）生まれの京は、笠置より10歳年下である。

京が5歳のときに父親が蒸発して、母親の手で育てられている。幼少期の境遇は、笠置と近いものがある。

にもかかわらず、京には大阪出身の影は微塵《みじん》もない。私生活ではいざ知らず、表向きでは大阪弁をつかわない。京は京なりに自分の容姿や役どころが、大阪弁とマッチしないことに早くから気づいていたに違いない。

評論家の尾崎宏次は、笠置をこの京と比較して「笠置シヅ子はどこまでもローカル人なのである。地方人タイプなのである。そのローカルな味が、とりすました都会のまんなかで、自由自在に歌いまくるといった爽快《そうかい》感が、初めのうちはどこかにあった」と喝破《かっぱ》している。

ついでに書いておくと、東宝の重役でもあり森光子主演の舞台「放浪記」の演出家でもあった菊田一夫は、東京言葉と大阪弁について、こんなことをいっている。

「芝居でも東京言葉はプレーンソーダみたいで、こってりした味が出ない。泣かせる場面でも泣かせっぱなしで、どうも処置にわるい。たとえばチャップリンの映画だが、チャップリンは泣かせながら、笑わせるコツを十分心得ている。

このチャップリンのコツを日本流にしたのが大阪弁で、大阪弁では、泣かせながらすぐ笑わせることもできるから重宝だ」

この菊田の大阪弁に関する洞察《どうさつ》は、笠置の持ち味にも即しているので、大阪弁は彼女の演技の武器になるのである。それを笠置は、本能的に知っていたのだろう。

「アサヒグラフ」昭和25年1月18日号の表紙をウインクで飾る

❖アルコールを手放せないわけ

筆者が知人と同じ電車で出かけたとき、彼は吊り革につかまる際に、ポケットからおもむろにハンカチを取り出して、吊り輪に当てて手を添えていた。それを見た筆者は「ずいぶん気にするんだね?」と聞いたものである。

すると友人は、あきれたような顔をして「だって誰が触《さわ》ったものか、わからないじゃないか。ボクにいわせると、平気で吊り革を持つ君たちのほうが不思議だね」といい返されたことがあった。

なぜこんなことを書くかといえば、笠置にも同じような癖《くせ》があるからだ。

週刊誌の「私のないしょ話」というコラムで笠置は、「あんまり公開しとうはないんですが、わては悪い癖をもっているんです。アルコールに関することです」と、ちょっと思わせぶりに打ち明けている。

とはいえ、飲酒に関することではない。笠置は酒を飲めない。では何かといえば、笠置のハンドバッグの中にはアルコールの小瓶がつねにある。それを脱脂綿にふくませて、手指を消毒するのである。

お店で買物をして釣銭をもらうとき、友人が握ったクルマのドアノブでも、すぐに消毒したくなる。相手がそれを見て怪訝《けげん》な表情をして、「あんた何ぃしとんねん？」といわれてもやめられない。

笠置は「人からものを受け取って、すぐに消毒するなんて失礼なことですけど、やめられへん」と告白する。

現代ならさしずめ潔癖《けっぺき》症の中の不潔恐怖症とでもいうのであろうが、笠置にはそうなった原因に思い当たる節《ふし》があった。


昭和9年（1934）9月21日に高知県室戸《むろと》岬《みさき》付近に上陸した大型台風で、昭和三大台風の一つに数えられる「室戸台風」にその因を求めることができる。

死者・行方不明者およそ3000人超、京阪神地方に甚大《じんだい》な被害をもたらした台風だが、当時、笠置は大阪に住んでおり、実家の八軒長屋《ながや》は浸水し、壁は崩れ、その惨状は目も当てられなかった。2階に避難した笠置も一時は「死ぬかと思った」ほどであった。

台風一過ののち当然、汚物まみれの濁水《だくすい》が町内に溜まり、衛生環境は最悪であった。住民たちは「汚い、汚い」と嘆《なげ》きながら、畳や家具をはじめ目に触れるすべての物の汚れを落としていった。

笠置の清潔欲求は、そのときからだという。

「そのときに周囲があんまり汚いもんやから、何かにつけて消毒せんやあかん状態でした。そのとき以来です。まったく恥ずかしい癖です」


他人から見れば、かなりの清潔好きであろうとなんら悪いことではないのだが、笠置にしてみれば、自分の行動について周囲へ疑念をもたせたり、気をつかわせることを申し訳ないと思うのだろう。

潔癖症の定義を求めると「不正や不潔を嫌い、どんなものにも妥協しない完全なものを求める性格」とある。

逆にいえば、この性癖《せいへき》が舞台人としては「妥協《だきょう》せず」「完全なものを求め」て、いっそう自分を輝かせる作用となる。

さらにいえば、自他ともに認める笠置の「頑固《がんこ》な性分《しょうぶん》」は、潔癖症《けっぺきしょう》と相まって出処《しゅっしょ》進退《しんたい》を含むその後の芸能人生を左右していくのである。

❖歌っちゃアカン、その理由は…

日米開戦は昭和16年（1941）12月8日だが、その前年の昭和15年（1940）7月にコロムビアレコードで吹き込まれた服部良一作曲の「タリナイ・ソング」（作詞と歌コロムビア・リズム・ボーイズ）は、非常時の当局によって発売中止の憂《う》き目《め》にあっている。

足りない　足りない　お米が足りない
なんて言う奴　元気が足りない

というようなコミックソングだった。

笠置シヅ子は昭和16年1月の松竹楽劇団解散で退団している。その後、3月に服部の後援もあって「笠置シヅ子とその楽団」を結成して活動する。渋谷の邦楽座《ほうがくざ》では淡谷のり子と「タンゴ・ジャズ合戦」で共演している。

しかし、当局はジャズを歌う〝敵性歌手〟を好まず、彼らの活動にさまざまに干渉をするようになっていた。「お上」意識の軛《くびき》から逃れられない日本人は、庶民もまた同様であった。


服部によると、淡谷のり子が手指にマニキュアを塗り、真っ赤なルージュを唇に引いて街を歩いていると、タスキをかけた国防婦人会のおばさんに呼び止められた。

「ゼイタクは敵です」

気の強い淡谷は負けじと、派手なメークの顔を突き出し言い返した。

「これは私の戦闘準備なのよ。ボサボサ髪の素顔で舞台に立てますか。兵隊さんが鉄カブトをかぶるのと同じように、歌手のステージの化粧はゼイタクではありません」

淡谷は服部作曲の大ヒット曲「別れのブルース」や「雨のブルース」で知られたスター歌手である。それを知ってクレームをつける婦人がいるのだから、窮屈《きゅうくつ》な世の中になってきたのだ。

外地の軍事慰問《いもん》でも「別れのブルース」は軟弱な歌として、淡谷は歌うことを禁止された。

ところが、兵隊が聴きたがった歌の一番は「別れのブルース」だった。そのため淡谷が意を決してこの歌をうたうときは、臨席《りんせき》する検閲官《けんえつかん》はそっと席を外したという。

この当時、笠置も同じような目に遭《あ》っている。当時の笠置は派手な動きを禁じられ、白墨《はくぼく》で舞台上に線を引かれて動きを制限されていた。

ある日、笠置が服部を見るやいなや「わて、警察に引っ張られたんや」と、目尻の下がった眼で訴えるではないか。

驚いた服部がその理由をたずねると、笠置はとんでもないことをいい出した。

「付けまつげが長いゆうて、それ取らな、以後、歌っちゃアカンといいますのや」

官民の上から下まで、まるでコントのような話である。笠置の舞台上での3センチの付けまつげが、戦局にどう影響するのだろうか。

❖質素で道徳家、世話好きで人情家

笠置シヅ子の性格をもっともよく知る人間といえば、服部良一をおいて他にはいまい。服部にとって笠置は自分と同じ大阪育ちで、ブギを日本でひろめる同志であり、戦前から音楽的薫陶《くんとう》を授《さず》けてきた7歳下の愛弟子《まなでし》である。

笠置は人気絶頂期の昭和23年（1948）に、唯一の自伝である『歌う自画像　私のブギウギ傳記《でんき》』（北斗出版社）を出している。服部はこの自伝に「可愛い女」と題する文章を寄せている。そこで笠置の性格をこう評している。

「開けっ放しで情にもろく、苦労性でお天気やで、なかなかもって面白い性格である。人見知りはするが打ち解けてしまうと甘ったれで、すぐ焼き餅を焼く。歌に対する執念、友人に対する執念、わが子に対する執念、思いつめるとトコトンまで行かないと

承知しない」

服部は自著『ぼくの音楽人生』でさらに踏み込んで、笠置の芸人魂と性格について述べている。

ステージの笠置は、服部がいちいちいわなくても創意工夫の芸人だった。前述したが、たとえば「買物ブギー」を舞台に掛ければ、エプロン姿に下駄履《げたば》きといういでたちを作りあげる。

小柄な体を大きく見せるために、高く赤いハイヒールで踊りにくさもなんのその、舞台狭《せま》しと歌い踊る。舞台袖《そで》から対角線上の舞台袖まで動きまわる。エネルギッシュで底抜けに明るい。こんな歌手が、いままでいただろうか。

このような笠置の舞台の華やかさとくらべれば、楽屋では娘ヱイ子に乳を含ませてあやし、慌《あわ》ただしく舞台へ戻る姿が見られた。シングルマザーとしてなりふり構っていられなかったのだろうが、スターとして見栄を張ることもなかった。

これを踏まえて、さらに服部は笠置をこう評するのである。

「(実生活では)質素で派手なことをきらい、まちがったことを許せない道徳家でもあった。しかし、世話好きで人情家で、一生懸命に生きているという感じをにじませていた」

この言葉は、笠置没後7年を経《へ》て述べられている。彼女に対してなんの遠慮もいらない時代に書かれた回想である。笠置にしてみれば、どんなにあたたかく嬉しい言葉だろうか。

❖「子どもと動物には勝てまへんなぁ」

のちに笠置シヅ子は、美空ひばりとの確執《かくしつ》を世間から面白おかしく邪推《じゃすい》されるのだが、そもそも二人には、どのような出会いがあったのだろうか。

ひばりは昭和23年(1948)5月の小唄勝太郎《こうたかつたろう》公演に出演している。これは横浜国際劇場の一周年記念公演でもあり、笠置の「セコハン娘」を歌って好評を博した。

ひばりはその後、横浜国際劇場の準専属になる。

美空ひばりは当時、11歳だった。同年10月、人気絶頂の笠置が横浜国際劇場に出演し、ひばりが前座を務めることになった。二人はここで初めて顔を合わせることになった。

昭和32年（1957）刊のひばり20歳目前での初めての自伝『虹の唄』には、その時のひばりの気持ちが次のように綴《つづ》られている。

「ある日、笠置シヅ子先生がお出になることになりました。私が一番尊敬している先生です。うれしさに胸が一ぱい。笠置先生はいろいろ親切に面倒を見て下さいました し、私のような子どもと一緒に写真を撮って下さいました」

『虹の唄』には二人が並んで写る写真が掲載されている。この文章には、ひばりの笠置に対する悪感情など微塵《みじん》もない。

しかし、それから14年後に刊行の『ひばり自伝』では、笠置との初めての共演の話題はすっぽり抜け落ちている。笠置の持ち歌を歌って芸能界へのチャンスをつかんだひばりの経歴からすると不自然ではある。

服部良一は、ひばりのことは当然よく知っている。昭和24年（1949）にひばりが日劇に出演した際には、母の喜美枝《きみえ》からこんな挨拶《あいさつ》をされている。

「この子は先生の曲が好きで、笠置さんの舞台は欠かさず見ています。どうぞ、よろしくお願いします」

服部は喜美枝の挨拶を受けながら、ひばりのことを「横で、ピョコンと頭だけを下げてニヤッと笑った少女に、ぼくは不敵《ふてき》な微笑を感じた」と感想を述べている。

ひばりはお客には人気があって、「豆ブギ」とか「小型笠置」とか呼ばれている。

ひばりの11歳当時の「東京ブギウギ」を聴くと、低音と高音のメリハリのある艶《つや》かで巧みな歌唱に驚かされる。とても子どもの歌とは思えない。服部も舌を巻いたという。天才の片鱗《へんりん》ではなく、すでに天才そのものである。

いっぽう、笠置はひばりに果たして、どんな感情を抱いていたのだろうか。知られた言葉としては、服部に語った言葉ひとつしかない。

「センセー、子どもと動物《いきもの》には勝てまへんなぁ」

❖美空ひばりは笠置に嫌われた…の真相

年配の方の中には、笠置の持ち歌であるブギを歌う11歳の美空ひばりを、笠置シヅ子が何かといじめた…などと記憶する人もいる。真相はどうなのか。

これに関して生前の笠置が、自伝はもちろん雑誌等のインタビューにも答えた記録はない。しかし『ひばり自伝』には、そのへんのことが詳しく綴られている。

ひばりは昭和23年（1948）、高知県での旅公演で九死に一生のバス事故に遭《あ》い、なかば引退状態だったが、ひょんなことから横浜国際劇場に出演することになった。そこからは、とんとん拍子に日劇小劇場、日劇大劇場出演とステップアップしていった。

日劇大劇場出演は昭和24年1月、歌手・灰田勝彦《はいだかつひこ》主演の「ラヴ・パレード」で、これに三人三様の娘がからむという趣向である。

ひばりは三人娘の末っ子で、主人公の恋のキューピッド役を演じ、劇中で笠置の持ち歌「ヘイヘイブギー」を歌うことになっていた。そのため、ひばりはこの歌の作曲者・服部良一のもとに3日間通ってレッスンを受けていた。

事件が起きたのは初日の幕が開く5分前のことだった。日劇近くの有楽座で公演中の笠置から、「わたしの持ち歌である『ヘイヘイブギー』を歌うことはまかりなりません」とクレームが入ったという。

ひばり自身、「心臓がとまるような」申し入れだ。演出家を含め鳩首《きゅうしゅ》協議をしたものの、そう簡単に結論は出ない。その場面と歌をカットするわけにもいかない。ひばりは悲しくなって涙をポロポロ流しながら「それではやめます」というしかなかった。作曲者の服部良一が許可しているのになぜ？　という思いもあった。

ひばりの母・喜美枝も「そう、それではおろさせていただきます」と同調する。ひばりがよく歌っていたブギと正反対の「星の流れに」のような曲では、そもそも芝居が成立しない。

「困ったなあ…」という関係者の中の誰かから「もう一度、有楽座へ電話してみよう」

という声が上がった。

関係者が事情をよく説明したせいか「笠置さんは態度が軟化して『ヘイヘイブギー』はダメだが『東京ブギウギ』ならいいといってます」となった。

ひばり自身は「東京ブギウギ」では、バンドと音合わせもしたことがない。それもオーケストラボックスにいるバンドと曲の出を、ぶっつけ本番で合わせるのは至難《しなん》の業《わざ》である。

事実、ひばりは本番では出だしの「トオキヨ」の演奏に遅れてトチッている。

――と、筆者は昭和46年（1971）刊の『ひばり自伝』に即して、以上のエピソードを紹介したが、どうやらこれは確証《かくしょう》のもてる話とはいえないようだ。

なにしろひばりは、当時（昭和24年1月）まだ11歳である。この出来事にしても、ひばり本人が笠置から直接、電話を受けたわけでもない。人気絶頂期の笠置自身が、ひばりが日劇で何を歌うかまでチェックするとは考えにくい。

「ヘイヘイブギー」に関する申し入れが、ひばりサイドにいったとしても、それは笠置側の関係者の誰かがしたことではないか。たとえば笠置のマネージャーとか興行関係者……などと考えるのが自然であろう。

「いじめ」と呼ばれる話は、こういった一連の顛末《てんまつ》が、関係者の口から世間に伝わったのではないか。『ひばり自伝』も一役買っているということか。

だから、笠置はひばりを毛嫌いしているとか、いじめたなどというイメージの一因になったのであろう。

いくら人のよい笠置でも、こんな話が世間にひろまれば、一度くらいは反論するはずだが、調べた限りそんな形跡はない。

笠置本人にしてみれば身に覚えのない話だから、気にもならなかったはずである。たしかに当時、持ち歌が一つもなかったひばりにとっては、困惑《こんわく》する出来事だったため、話がいたずらに大きくなった気がする。笠置は裏も表もない性格なので、迷惑極まりない話に違いない。

この一件に関しては、「ヘイヘイブギー」の歌詞のように「あなたが笑えば　私も笑うヘイヘイ」とはいかなかったのである。

❖笠置とひばり、ふたりの間にあった不幸

米軍占領下ではあったが昭和25年（1950）にもなると、日本人の渡米が目立つようになってきた。政治家、文化人、芸能人がその流れにいた。美空ひばりや笠置シヅ子もその中のひとりだった。

ひばりは、日系二世部隊の記念塔建設資金募集の名目で、昭和25年5月にハワイやアメリカ本土で公演を予定していた。

翌6月には、笠置や服部良一などの一行も4か月をかけて、アメリカ興行を実施する手はずとなっていた。そこにはおそらく、見聞をひろめたり観光の要素もあったようだ。

二つの公演がクロスすることになったが、ひばりの渡米公演に重大な問題が降りかかってきた。ひばりサイドに「服部良一の全作品を歌っても演奏してもならない」と、日本音楽著作権協会から通知状が送られてきたのである。

後年、ひばりは「その時、わたしの持ち歌は『悲しき口笛』と『河童《かっぱ》ブギウギ』しかなかったので、本当に途方に暮れてしまいました」と振り返っている。

これを笠置・服部サイドの嫌《いや》がらせととるかは微妙である。渡米前の笠置たちにしてみれば、なにしろ自分たちのヒット曲を先にひばりに歌われては興行価値に響いてくる。オリジナル歌手としては、心中穏やかでいられまい。

日本著作権協会に手を回したのは服部ではない。服部の名前でそれを強行したのは、勧進元《かんじんもと》の興行会社と思われる。会社にしてみれば、興行の名目はどうであれ利益を出さなければならない。

この問題は、笠置とひばりが帰国後も、しこりとなって残った。

昭和42年（1967）の「月刊文藝春秋」10月号に笠置の娘ヱイ子が、この問題に関して次のような寄稿をしている。いちばん説得力のある話ではないだろうか。

「私の知る限り、母が（直接には母ではなくて、周りの音楽関係者かもしれません）自分の歌を歌わないでくれと、ひばりさんに申し入れたのは、昭和25年5月、ひばりさんのハワイ公演の前のことです。そのころのひばりさんはまだ持ち歌が少なく、ハワイ公演でも母のヒット曲を歌う予定になっていました。これが国内であれば、もともとは母が歌ってヒットしたものだと誰もがわかります。しかしハワイではそうもいきません。実は母も、同じ年の秋ハワイ公演を予定していたもので、ハワイの人に誤解を招くようなことはやめていただきたいと申し上げたわけで、話合いはつかないまま、ひばりさんはハワイで一連のブギを歌いまくりました。

著作権料さえ払えば、誰の曲を歌おうとかまわないのではないか、という考えもあるかもしれません。そこから母の『意地悪説』が出てきているのでしょう。しかし同じ世界で仕事をしているもの同士礼儀というものがあるのです。後にゴッドマザーとまでいわれたひばりさんの母喜美枝さんが、当時そのあたりのことがよく分っていなかったことは仕方がないことかもしれません。

しかし、母が腹に据えかねたのは、当時のひばりさんのマネージャーに対してでした。この人は以前から母とは顔見知りだったのです。ですから、事前に母に対して根回しのようなことが出来たはずなのに、一切それをしなかったんです。

このように母は意志が強く、何事に対してもきびしくけじめをつけ、筋《すじ》が通っていなければ気のすまない人でした」

後年の話だが、ひばりによると、彼女は力道山《りきどうざん》と親しくしていた。プロレス界のスーパースター力道山がひばりの大ファンで、ひばり母娘にリングサイドの席をとったりしていた。

あるとき、そのへんの事情を知っている力道山は、彼が主催のパーティーで、わざと服部の席の前にひばり母娘の席を設けた。

それを目にしたひばりは「仰天《ぎようてん》して、逃げ出そうとしました」と回顧《かいこ》している。たいして力道山は、しらばっくれて「どうしたんだ」とひばりに聞いている。

そのやり取りを昭和46年（１９７１）刊行の『ひばり自伝』では、次のように書いている。

「リキさん。わるいけど、あたし帰るわ」

「席か？」

「ええ」

「何馬鹿なことを言ってるんだ」

「だって…困るもの」

「そんなこと言わないでこい。おれにまかせておけ。責任持つから」

そういうと力道山は、ホールで踊っている服部にひばりを引き合わせた。

すると服部は踊りながらひばりに「あれはおれの意志でしたことではない。わかってくれ」と謝ったそうである。ひばりは、これが服部との和解と自分を納得させた。

しかし、笠置に対しては、すでに押しも押されもしない大スターになったひばりは、「笠置さんと、そんなことで、仲直りできないままですが」と、記すのみである。

いっぽう笠置にしてみれば、そんなひばりの気持ちは心外だったに違いない。笠置は雑誌などでも、ひばりとのことを直接、語ることはなかった。ひばりへの本心をもう知るすべはない。

まあ、子ども時代のひばりは人気者だが、孤立無援《こりつむえん》でもあった。だからこそ頼るべき人物は母の喜美枝しかいなかった。

詩人のサトウハチローからは、笠置のものまねで人気を得たひばりについて「ゲテモノを倒せ」などという物騒なアジ文まがいの攻撃がされていた。

「そういうゲテモノは皆が見に行かなければ、自然とほろびるではないか。だから見に行くな。そんなものをはびこらせておくことは芸能界として、大先輩のこの両者（笠置シヅ子・服部良一）に対して申しわけないことだ」

まだ12歳ほどの子どもにとって、サトウハチローの無神経な文章はつらいものがあっただろう。

こういう背景もあって、笠置が与《あずか》り知らぬこととはいえ、ひばりは彼女に対して、いつからか平静をよそおえなかったのかもしれない。これは両者にとって、不幸なことであった。

❖ハワイ、アメリカ本土で4か月の公演

女優の田中絹代《きぬよ》は、溝口健二監督の「夜の女たち」や、小津安二郎《おづやすじろう》監督の「風の中

の牝鶏《めんどり》」の演技が評価され、毎日映画コンクール女優演技賞を受賞（昭和23年）し、それもあって〝日米親善使節〟に選ばれ、昭和24年（1949）10月に渡米した。

これ以降、日本の文化人の渡米が活発化していくが、そのチャンスが笠置シヅ子にもすぐに巡《めぐ》ってきた。

前述したように、ハワイにある日系二世の興行会社から、ハワイと米国本土の公演の依頼である。名目は「日本人慰問《いもん》公演」である。

メンバーは笠置と服部良一に、歌手の服部富子（良一の妹）、女優の宮川玲子の4人である。一行は昭和25年（1950）6月16日に羽田から出発し、およそ4か月後の10月に帰国の予定である。

先にも述べたように、渡米前の6月6日から12日まで日劇で「ブギ海を渡る」と銘《めい》うって「笠置・服部渡米歓送ショー」を公演している。

今日のわれわれから考えると情報伝達の遅い当時の海外で、どれだけ日本の歌謡曲が歌われているか疑問に思うかもしれない。

服部によると、それは杞憂《きゆう》だった。というのも、太平洋上のウェーク島に着陸すると、なんと「銀座カンカン娘」の歌が聞こえてくる。それも日系二世の歌手が歌っていて、ハワイ本島でも大流行だと知る。

ハワイに到着すると、それは現実だった。「東京ブギウギ」も「買物ブギー」も大評判。

笠置によると「オッサン、オッサン、これ、なんぼ」などという大阪弁は、日本でもところによっては意味がわからないそうだが、ハワイには広島や関西方面から移民してきた人が多いので大受けするのではないかという。

街を歩けば、服部は通りがかりの人から「オッサン、オッサン」と呼びかけられる始末。これは笠置も同じで「わて、ほんまにようわんわ」と話しかけられ、笠置も返す言葉に困ったりした。

ホノルルの国際劇場では、ハワイ出身で日本でも人気があった灰田勝彦が帰郷中だったので、彼の自作の「鈴懸《すずかけ》の径《みち》」を歌ってもらった。ホノルル公演は11日間、超満員の盛況だった。

ハワイ滞在中の笠置は、現地の日本人二世や三世と交流し、時間があればワイキキビーチで水着を着て日光浴をした。

そのため色は黒くなり、人と会えば「あなたは日本からきた人ではない」といわれる始末だった。どうやらカナカ族の娘と間違えられたようである。

アメリカ本土に渡った一行は、アメリカ一の黒人ドラム奏者マイネル・ハンプトンと交流した。その際、笠置はハンプトンから気に入られたようで「ぜひ自分のバンドで歌ってくれ」と熱心に誘われた。

それ以外にも、人気歌手ビング・クロスビーとも会い、彼から「日本のブギは聴いたことがある。『東京ブギウギ』は息子がよく歌っている」と話しかけられ、笠置を感激させている。

さすがにこれはありえないことのように思えるが、どうやら日本帰りのGIがレコードを買って帰国したことから、ひろまったのではないかと笠置は推測している。

サンフランシスコで「テッド・ルイズ・ショウ」を見にいった笠置は、途中で客席

米国での「日系人慰問公演」から、服部良一とともに帰国(昭和25年)

にスポットライトを当てられた。

司会者から「クイーン・ブギウギ」と紹介され、服部のピアノで「東京ブギウギ」を舞台で歌う羽目になった。それもこれも笠置にとって新鮮な体験だった。

ニューヨークのナイトクラブでは、伝説の黒人歌手ビリー・ホリディの歌も聴いている。

「これを聴いては、もう歌うのがいやになった、と同行の服部富子さんと言い合ったほどです。ふだんは阿片中毒のようにうすぼんやりしているのですが、ひとたび歌い出すと別人のような生気があふれでました」

という笠置の言葉が、いまに伝えられている。

ツアーの最終地ニューヨーク公演を経《へ》て、一行は出発してから4か月後の10月17日に帰国した。

笠置にとって、最初で最後の海外公演となった。

3章　世紀の歌ブギウギとは

❖復興のメロディ「ブギ」が日本を席巻

「先生、このリズム、なんだか歌いにくいわ、お尻がむずむずしてきて、じっと立ったままでは歌えません」

こう服部良一に困惑気味に訴えた歌手は李香蘭《りこうらん》（山口淑子《よしこ》）である。昭和15年（1940）に中国・上海に報道班員として派遣されていた服部が、コンサート開催のため北京から李香蘭を呼んでリハーサルをしていたときのことである。

中国で絶大な人気を誇る李香蘭は日本の国策上、中国の名家出身の令嬢と触れ込み、中国人はもとより日本人もそれを信じて疑わなかった。

余談だが、李香蘭は日本の敗戦後、中国人の裏切り者、いわゆる漢奸《かんかん》として中華民国の軍事裁判にかけられた。極刑は免《まぬか》れないところだったが、日本から戸籍謄本《こせきとうほん》を取り寄せるなどして、日本人であることが証明され釈放された。

さて、服部は60人からなる上海交響楽団を率いて、「夜来香《イエライシャン》幻想曲」を指揮することになっていた。そのとき、彼は幻想曲の最後に、八拍（エイトビート）のブギウギのリズムを挿入してみた。それにいち早く反応した李香蘭は、正直に「お尻がむずむず」という感想を漏《も》らしたのである。

そのとき服部は、次のように思った。

「ぼくは、胸中、会心《かいしん》の笑《え》みをもらした。いまは戦争中で、敵国アメリカの新リズムとはいえない。しかし、いつかは日本でも使える日がくるだろう。じっと立ってではなく、思いきりステージを踊りまわってブギを歌える日がくるだろう」

その服部の思いをはるかに超え、ブギは戦後日本の復興メロディーとなって、日本中を席巻《せっけん》した。

「東京ブギウギ」以来、数年の間で、服部の作曲したブギをレコーディング順に並べてみよう。

「さくらブギウギ」「ヘイヘイブギー」「博多ブギウギ」「ジャングル・ブギー」「大阪ブギウギ」「北海ブギウギ」「ブギウギ時代」「これがブギウギ」「三味線ブギウギ」「ホ

ームラン・ブギ」「オリエンタルブギ」「大島ブギ」「名古屋ブギー」「買物ブギー」「ビックリシャックリブギ」「銀座ブギ」「道行きブギ」「ジャパニーズブギ」「カミナリブギ」「恋のブギウギ」「七福神ブギ」「芸者ブギ」

このすべてを笠置が歌っているわけではない。「三味線ブギ」は芸者出身の市丸《いちまる》の強い求めで作曲してヒットした。いまでもこの歌詞と曲調を覚えているお年寄りは多いはずだ。

三味線ブギーで
シャシャリツシャンシャン
さあさ踊ろよ
ブギウギ浮き浮き

（作詞 佐伯孝夫）

なお、美空ひばりの最初期の持ち歌「河童ブギウギ」は、服部の作曲ではない。歌

サトウハチロー作詞の「ホームラン・ブギ」は昭和24年に発売

詞は藤浦洸《ふじうらこう》、作曲は浅井挙曄《たかあき》である。

カッパおどりはブギウギ
陽気にたのしく
水玉とばしておどれよ
どんととびこめうき上れ

服部の夢想を超えて、まさに「誰もがブギウギ浮き浮き」の時代がやってきたのである。

❖「買物ブギー」ブームの頂点を極める

日本のラップの原型ともいえる曲が「買物ブギー」といわれている。いまでいうところの流行語大賞に選ばれそうな言葉も二つある。掛け合い漫才さながらの歌詞もあれば、今日では言い換える必要のある詞もあって、とかく話題の多い歌である。「買物ブギー」はブギウギブームの頂点で作られた曲である。歌手笠置の力量が遺憾《いかん》なく発揮されている。

少々長いが全歌詞を紹介しよう。じっくり読んでいただきたい。この歌詞のユニークさに気づかれることだろう。

今日は朝から　わたしのお家《うち》は
てんやわんやの　大さわぎ
盆と正月　一緒に来たよな
てんてこまいの忙しさ
何が何だか　さっぱりわからず
どれがどれやら　さっぱりわからず
何もきかずに　とんでは来たけど
何を買うやら　何処《どこ》で買うやら

それがごっちゃに　なりまして
わてほんまに　よう言わんわ
わてほんまに　よう言わんわ

たまの日曜　サンデーと言うのに
何が因果と言うものか
こんなに沢山　買物頼まれ
ひとのめいわく考えず
あるもの無いもの　手当たり次第に
ひとの気持ちも　知らないで
わてほんまに　よう言わんわ
わてほんまに　よう言わんわ

何はともあれ　買物はじめに

魚屋さんへと　とびこんだ
鯛に　平目に　かつおに　まぐろに　ブリにサバ
魚は取立　とび切り上等　買いなはれ
オッサン買うのと　違います
刺身にしたなら　おいしかろうと思うだけ
わてほんまに　よう言わんわ
わてほんまに　よう言わんわ

とり貝　赤貝　たこにいか
海老に　穴子に　キスに　シャコ
ワサビをきかせて　お寿司にしたなら
なんぼかおいしかろ　なんぼかおいしかろ
お客さんあんたは一体　何買いまんねん
そうそうわたしの買物は　魚は魚でも

オッサン鮭の缶詰　おまへんか
わてほんまに　よう言わんわ　あほかいな

丁度隣は八百屋さん
人参　大根に　ごぼうに　蓮根
ポパイのお好きな　ほうれん草
トマトに　キャベツに　白菜に
胡瓜《きゅうり》に　白瓜《しろうり》　ぼけなす　南瓜《かぼちゃ》に
東京ネギ　ネギ　ブギウギ

ボタンとリボンと　ポンカンと
マッチにサイダーに　タバコに仁丹
ヤヤコシ　ヤヤコシ　ヤヤコシ　ヤヤコシ　アア　ヤヤコシ

ちょっとおっさん　こんにちは
ちょっとおっさん　これなんぼ
おっさんいますか　これなんぼ
おっさんおっさん　これなんぼ
おっさんなんぼで　なんぼがオッサン
おっさん　おっさん　おっさん　おっさん
おっさん　おっさん　おっさん　おっさん
おっさん　おっさん　おっさん　おっさん
わしゃ　聞こえまへん
わてほんまに　よう言わんわ
わてほんまに　よう言わんわ

そんなら向かいの　おばあさん
わて忙しゅうて　かないまへんので

ちょっとこれだけ　おくんなはれ
書付渡せば　おばあさん
これまた　読めません
手さぐり半分　何しまひょ
わてほんまに　よう言わんわ
わてほんまに　よう言わんわ
ああしんど

（作詞 村雨まさを、作曲 服部良一）

村雨《むらさめ》まさをとは、服部の作詞家としてのペンネームである。
「買物ブギー」は、じつに面白い歌詞である。全編、滑稽味《こっけいみ》にあふれ、また庶民的な大阪弁が効果的だ。ブギウギのリズムに乗せて、人の掛け合いもしかり、魚も野菜も躍動している。

舞台や映画では、買物かごを手にして割烹着《かっぽうぎ》に下駄履《げたば》きでこの歌をうたう笠置の姿が、いっそう曲のコミカルな味を際立たせている。

ただし、この歌は曲が6分以上と長いので、発売当初のレコードでは「そんなら向かいの　おばあさん」以下は、最後の「ああしんど」のフレーズ以外カットされている。

とはいえ、笠置の出演舞台や昭和25年（1950）の松竹映画「ペ子ちゃんとデン助」では、オリジナル歌詞はすべて歌われている。

歌手にしてみれば、この長くてややこしい歌詞を歌いこなすのは、さぞかし大変だったに違いない。

歌詞の中に出てくる「ヤヤコシ　ヤヤコシ」というフレーズは、笠置のレッスン中の悲鳴だった。それを服部は面白がって急遽《きゆうきよ》、曲に取り入れたのである。

服部良一の長男・克久《かつひさ》は父親の思い出を語る中で、この歌のレッスン風景を描写してとても興味深い。

日劇のショーとショーの合間に、笠置が良一の自宅（新宿区若松）に駆けつけてきてレッスンすることになった。笠置は腹ペコで、服部に「何か食べさせて」とせがむのだが、レッスン優先の服部は耳を貸そうとしない。

服部は鬼のような顔をして、自分が納得いくまで休みもせずレッスンをつづける。さすがに笠置も、しまいにはべそをかく始末だった。

ところで、歌の中には「わて」の語りだけではなく、「おっさん」や「おばあさん」の、今日では差別語とされるセリフまで入っている。近年、他の歌手がこの歌をカバーする際は、「耳が聞こえません」などと部分的に言い換えて吹き込んでいる。

話を戻すが、この歌を聴いて落語好きでカンのいい読者なら、上方噺《かみがたばなし》を想起するかもしれない。

大阪育ちの服部は寄席《よせ》好きで、作詞にあたっては「昔、大阪の法善寺《ほうぜんじ》横丁の寄席で聞いた落語『ないもの買い』をヒントにした」と述べている。

これは金物屋にいって「歯がギザギザになっていないのこぎり」や、古手屋《ふるてや》（古着や古道具を扱っている店）では「三角形の座布団」を求めて面白がる若者の噺《はなし》である。

ともあれブギの軽快なリズムに、これ以上ないほどはまった歌詞は45万枚突破という大ヒットになり、笠置の代表曲の一つとなった。

筆者も大好きで、いまでいう流行語にもなった「わてほんまに　よう言わんわ」は「わてほんまによいわんわ」と記憶している。

NHKの人気ラジオ番組「お父さんはお人よし」でも、大阪の喜劇役者の花菱《はなびし》アチャコが、この言葉を連発していた。

とにもかくにも、この異色の歌は、笠置のバイタリティーにあふれ軽妙《けいみょう》な持ち味があってこその大ヒットに違いない。

❖映画の挿入歌「ジャングル・ブギー」の作詞者は…

一度聴いたら忘れられない歌がある。それは何もヒット曲とは限らない。もちろん笠置シヅ子にもそんな曲がある。「ジャングル・ブギー」がその筆頭であろう。笠置の魅力の一つに、その野性味がある。奔放《ほんぽう》さと言い換えてもいい。
驚くことに、作詞は映画監督の黒澤明である。まず「ジャングル・ブギー」の歌詞を紹介しよう。

ウワオ　ワオワオ／ウワオ　ワオワオ
私はめひょうだ　南の海は
火を吐く山の　ウワオワオワオ生まれだ
月の赤い夜に　ジャングルで
ジャングルで
骨のとけるような恋をした
ワアーアー　ワアーアーアア
（作曲 服部良一）

映画「酔《よ》いどれ天使」の挿入歌である。監督は黒澤明で、三船敏郎との初コンビの

映画「酔どれ天使」（黒澤明監督／昭和23年）
に出演し「ジャングル・ブギー」を歌う

記念すべき作品である。映画は昭和23年（1948）4月に公開されている。

ブギを歌う女として、キャバレーのフロアで笠置は「ジャングル・ブギー」を3分間、野性味たっぷりに歌い踊る。

映画は、戦後間もない闇市近くに開業する酒好きの貧乏医者のもとに、銃弾の傷の治療を受けにくる三船敏郎演じるチンピラやくざとの出会いから始まる。戦後の混沌《こんとん》とした世相をからめて物語は展開してゆく。

笠置の歌唱の特徴のひとつは、ただでさえ大きな口を裂けんばかりにひろげて歌うことにある。

これに関心をそそられた黒澤は、カメラをできる限り笠置の口に近づけて、まさに舌の奥までのぞき込むように撮影した。なぜなら、笠置がシャウト（叫ぶように歌う）すればするほど、敗戦直後の虚脱《きょだつ》した観客にアピールするからである。

笠置の「ジャングル・ブギー」はいまでもユーチューブで聴くことはできるが、「ウワオ　ワオワオ」と、雌《め》豹《ひょう》の叫びを模《も》した声の迫力は、かつての日本歌謡史にはないものだ。

笠置は歌も踊りも全力投球の歌手だったが、なんの衒《てら》いもみせずに吠え歌いまくる「ジャングル・ブギー」は、彼女の歌唱のある種の頂点に立つものである。

異色の歌は異色の歌手、笠置がいればこそ成立した、奇跡のような歌なのである。

❖「笠置のブギ」と「服部のブギ」は同じか

服部良一は、生涯で3000曲におよぶ作曲をしたヒットメーカーである。一時代を画した「ブギと笠置」について、どう考えていたのだろうか。

ノンフィクション作家の上田賢一は、著書『上海ブギウギ1945—服部良一の冒険』で服部の考察を紹介している。

ただし、この言葉を読む際には、服部の子どもが述べるような注意が必要かもしれない。

「おやじさんは、いいですねと褒められると、そうでもないですよと謙遜《けんそん》し、素晴らしいですねと囃《はや》し立てられると、冗談じゃないと怒るという、少々へそ曲がりなところがあるという子供みたいな性格なんだけど」

まあ、それを踏まえて読んでも、服部良一のクールな発言には考えさせられるものがある。以下の文章は、昭和25年（1950）「文藝春秋・花見讀本」の3月25日号「服部良一『ブギウギ誕生』」からである。

「ブギを日本の歌謡曲の仲間入りさせたのは『東京ブギウギ』以来の笠置シヅ子のレパートリーの何曲かのブギ調であるが、私自身は笠置シヅ子が適当なブギ歌手とは思っていないのである。必要以上のアクションで飛び回って歌う笠置シヅ子には閉口するのである。それは笠置の持つステージの魅力であって、ブギの持つ魅力ではない。日劇やその他のショウを観てもブギの持つ魅力は笠置の顔にあるのではなくて、それ以外の場面で踊られる踊り子の全身の動き（八つのリズムを出すためには今までのように手足だけでは駄目）と、そしてその表情にブギの動きが感じられるのである。笠置のブギと誇大広告のように書きたてているが、これは笠置の持つあの迫力や、大胆なステージ振りに幻惑されているのである」（注：一部の用語を現代用語に書き改め。以

黄金のコンビ・服部良一と。「買物ブギー」が大ヒットした頃

下同じ）

うーん、ブギを大真面目に考えると、こういうことになるのだろうか。それでも巷《ちまた》では、笠置のブギウギブームはつづいている。

「『東京ブギウギ』からまっすぐブギ本来のリズムを基調としていわゆる、正調《せいちょう》ブギを私が作曲し続けていたならば今日のように子供までも口ずさむという、ブギの大衆化は見られなかったのではあるまいか。ブギの笠置、笠置のブギと騒がれた処《ところ》に日本でのブギの宿命があるように思われる」

つまり、服部が笠置にプレゼントしたブギは、旋律的にもリズム的にもわかりやすく、歌詞もアクセント的にブギ的で、その〝ゴモクめし〟的な要素が多くの人に受け入れられた、と服部は述べている。

このあたりは、日本人の好むところである。そこが服部としては流行歌の作曲家として嬉しいことであるが、ブギの本質を真面目に考察すると、内心は忸怩《じくじ》たるものがあったようだ。

それにしても、笠置のエンターティナーとしての才能は、服部の正調ブギの思惑さえ超えてしまった。それがブームの実体なのである。

❖ブギの終焉、そして歌手引退…

笠置シヅ子が最後に吹き込んだ曲は、昭和31年(1956)の「たよりにしてまっせ」だった。作曲はやはり服部良一である。歌詞は、笠置と服部の長い関係を考えるとき、いささか意味深に思えるのだが……。

ほんまに　たよりにしてまっせ
くよくよせんと　まかしとき
アンタの言葉を　真にうけて
ここまで来たんや　おまへんか
それを今更　なんだんねん

しっかりしなはれ　しっかりし
たのんまっせ　たのんます
ほんまに　たよりにしてまっせ
（作詞　吉田みなを・村雨まさを）

このとき、笠置は41歳になっていた。時代は、当人の思惑より素早く変遷《へんせん》していく。昭和20年代後半から、ブギは目に見えて下火になり、マンボからロカビリーに移っていった。

昭和32年（1957）早々、笠置は「自分が輝いた時代をそのまま残したい」と、女優専業を公表した。その前に服部にも理解を求めているが、服部は「まだ早い。自分の歌を葬《ほうむ》りさるのか」と激怒した、と伝えられている。とはいえ、後には笠置の潔《いさぎよ》さを認めていた。

笠置の舞台を観た観客が一様に驚くのは、これまでも述べたように、赤くて高いハイヒールを履《は》いて、舞台狭《せま》しと歌い踊り回る姿である。

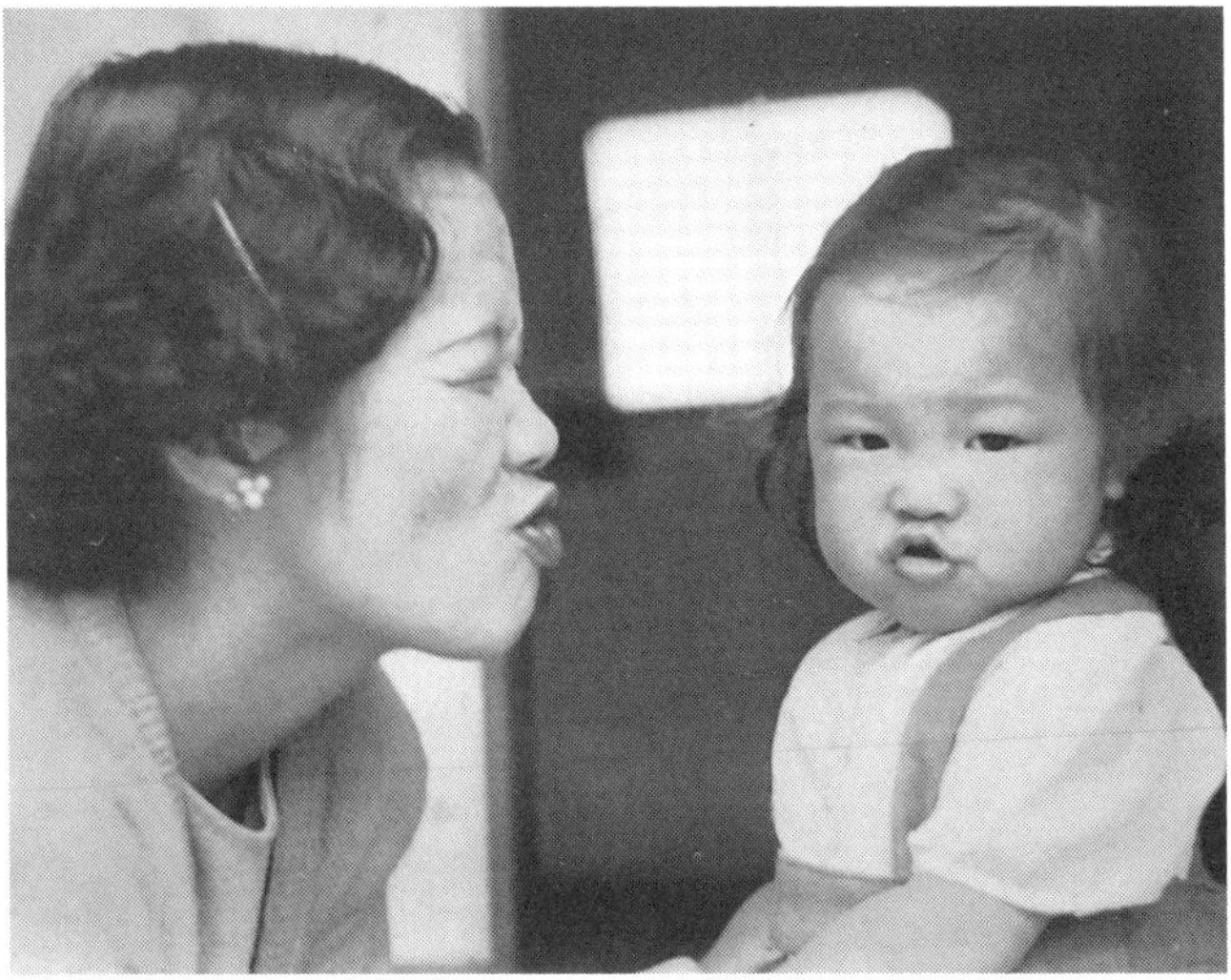

東京世田谷区の自宅にて、娘のヱイ子と(昭和23年頃)

笠置自身は後年、引退理由の一つに、太ってきて若いときのような踊りができなくなったことを挙げているが、これが真実に近いのではないだろうか。

東海林《しょうじ》太郎や淡谷のり子のような、動きのない歌唱だけの歌手と違って、笠置の魅力はエネルギッシュな動きにある。歌と動きを合わせて「ブギの女王」なのである。

笠置は、昭和31年（１９５６）12月31日の第7回紅白歌合戦で大トリをつとめ「ヘイヘイブギー」を歌って、きっぱりと歌手から引退したのである。


前にも少し触れたが、笠置の追っかけを自認する高峰秀子は、自伝に次のように書いている。

「そのガンコさが、ある日、ある時、あれほどの歌唱力を惜《お》しげもなく断ち切り、歌謡界からキッパリと足を洗われてしまったのだろう。ファンとしては哀《かな》しいことだが、小気味《こきみ》のいいほど見事な引退ぶりであった。見習いたいものである」

こうなれば、女優一本でやっていくしかない。笠置は映画会社やテレビ局をまわって、いまでも語り草になる行動に出た。

「これからは新人女優と同じです。せやさかい、従来のギャラでは高いでしょうから、ギャラを下げて私を使うてくだはれ」と、関係各所に申し入れたのである。

いまも昔もスターのギャラは、高止まりが普通である。少々人気に陰《かげ》りが生じたからといってギャラを下げれば、スターサイドからクレームが出る。

依頼する側はそれがわかっているから、寝た子を起こすことはない、と出演交渉を控えるだけである。スターがそれでもいいと考えるか、ファンに忘れ去られることを怖《おそ》れるかは、本人次第である。

笠置は、現実的な選択をしたのだ。スターのプライドを捨てて「実《じつ》」を取ったのである。以降、笠置の女優業は歌手時代と打って変わって、地味だが長く途切れることなくつづくのである。

多くの人の記憶に残る笠置は、気さくな大阪のおばちゃんである。

子どもの頃、笠置が審査員をしていたTBSの「家族そろって歌合戦」のファンだった方が、ネットに次のようなコメントをアップしている。

「とても柔和なニッコリされたおばさまでした。(中略)私、大きくなってから、昔むかしのブギウギの大有名歌手と知って驚きました」

あるいは、台所洗剤カネヨン（カネヨ石鹸）のテレビCMでの、親しみある笠置のキャラクターが懐《なつ》かしい。

ここには一世を風靡《ふうび》したブギの女王の華《はな》やぎの欠片《かけら》もない。これが笠置の選んだ第二の芸能人生なのである。

❖ブギの女王のプライドと信念

歌手廃業について前項で簡単に触れたが、補足すると笠置のそれは徹底していた。どんな懐《なつ》メロブームがきても、彼女は人前で一度も歌ったことがない。

これを不思議に思う人は多かった。ある雑誌記者がこのことを直接、笠置に電話取材したところ、彼女は「え？　わたしが歌わんようになった理由？　いやいや、そんな話はどうでもいいじゃない」と電話を切られた。

笠置の所属事務所のマネージャーに聞いてもそれは同じで、要領を得ない。そこで記者はさらに「家族そろって歌合戦」のスタッフで、笠置のことをよく知る人に話を聞くと、次のような返事が返ってきた。

「彼女はね、あくまでもブギの女王で終わりたい——こんな気持ちがあるからですよ。とにかく、若かった頃のイメージを大切にしたいということですね。なにしろ彼女のステージは、飛んだりはねたりたいへんなものでしたからね」

たしかに、年齢を重ね体重も増えてはそれも難しい。「昔のファンのイメージを裏切る」ことはできないと笠置は考えたのである。「ブギの女王」のプライドは、いくら金を積まれても、舞台で歌うことはもはやできない相談なのだ。

もう一つの理由として笠置の娘ヱイ子は、恩師・服部良一があるときから流行歌をまったく作曲しなくなったことも原因ではないかと推測している。ヱイ子によると、笠置は自宅にいても、持ち歌の鼻歌ひとつ歌わなかったそうである。

そんな固い信念で、笠置は歌手から女優に専念することとなった。このあたりのことを笠置は雑誌「くらしの泉」に書いている。

昭和32年（1957）に「ブギの女王」の名を捨てて、女優一年生になった。

もちろん、それまでも映画や舞台には出ていたが、それは歌手・笠置シヅ子としてであって、たとえば、少々間《ま》をはずしてもご愛敬《あいきよう》ですんでいたが、これからはそうはいかない。

この年、テレビではドラマ「雨だれ母さん」（TBS）に母親役でレギュラー出演し、翌年にはNHKのドラマ「幸福の階段」で水谷良重、平幹二郎、黒柳徹子らと共演。連続ドラマではそのあと「台風家族」（フジ）などに出演している。

女優への転身にあたり、笠置は覚悟を表明する。

「そのとき、わたしは45歳でした。初めて本格的なテレビドラマに取り組んだのです。その最初のリハーサルの日、わたしは、そのドラマを担当していた若いディレクターに、『笠置シヅ子の名を忘れてほしい。ヨチヨチ歩きだから、どんな大勢人がいる前でも、遠慮なくダメを出してほしい』と、何べんも頼みました」

映画や舞台も多く、喜劇にも出演していて、一定の存在価値がテレビや舞台で認められ活躍。明るくて芯《しん》の強い母親役が多かった。

笠置の女優としての信念は、次のような言葉にはっきりとうかがえる。

自宅で娘のヱイ子をおんぶする笠置（昭和24年頃）

「考えてみると、わたしは歌って踊るしか知らない人間でした。しかし、歌を捨て、不惑《ふわく》の年齢になってから、また新しい人生を踏み出しましたが、大衆に愛され、みんなの心のいこいになるような芸を見せたい、という執念のようなものを貫《つらぬ》き通しているつもりです。問題は歌手で名声を上げることにあるのではなく、この信念を貫くことが大切なのだと思います」

笠置にとっては歌手であれ女優であれ、やることは違っても、芸道《げいどう》を貫くことに何も変わりはないのである。そういう意味では、笠置の生き方には一本筋《すじ》が通っている。

ＣＭもカネヨ石鹸の「やっぱりカネヨンでんな」一本やりで、他のＣＭはほぼ断っていた。そこに笠置の義理がたく、生一本《きいっぽん》な性格を見る思いがする。

ちなみに笠置は、昭和60年3月30日（１９８５）に、がんで亡くなった。享年70で、女優としては、まだまだ現役だった。

周囲の者にとって、いささか早すぎる死だったが、笠置としては死に目に会えなかった養母、あるいは頴右《えいすけ》の場合と違って、最愛の娘ヱイ子に見守られて永眠したことが、せめてもの慰《なぐさ》めだった。

4章　香川の母、大阪の母

❖父を知らない、望まれぬ出生

どんな平凡な人生にも、ドラマの一つや二つはある。まして笠置は、一世を風靡《ふうび》した大スターである。

「私の半生には幾つもの因縁がついてまわっております。誠にわれながら宿命の子だと思います。（中略）その因縁の一つは、私も、私のたったひとりのエイ子も陽かげの子なのです。生れながらにして父を知らぬ不幸なめぐり合わせは、奇《く》しくも母子二代にまたがっているわけです」

この文章は笠置シヅ子の唯一の自伝的著書『歌う自画像　私のブギウギ傳記《でんき》』（昭和23年刊）の書き出しである。

人気絶頂時の華やかな大スターとしては、およそ似つかわしくない告白ではないか。「陽かげの子」という表現は、たとえそれが事実だとしても、いまも昔も人気商売のスターなら避けたいフレーズであろう。

こうした表現をこだわりなく平気でつかう笠置には、その飾らない人柄と自信が見てとれる。

以下、自伝に詳細に綴《つづ》られていく彼女の複雑で因縁《いんねん》めいた半生《はんせい》は、華やかな大スターの陰の部分である。

笠置は大正3年（1914）8月25日に、四国の香川県大川郡相生村（現・東かがわ市）に生まれている。

1914年といえば、第一次世界大戦（イギリス・フランスなどの連合国と、ドイツを中心とした中央同盟国との戦争。1918年に終戦）が勃発《ぼっぱつ》した年であり、アジアの端《はし》っこに位置する日本の四国にあっても、世界をおおう重苦しい空気とは無縁ではなかった。

笠置の出生《しゅっしょう》は、誰にも望まれぬものだった。というのも生母は、近在の富農の家で女中奉公をしていた。笠置は、母とその家の若い跡取《あとと》り息子との間にできた結晶だった。母はまだ18歳か19歳だった。

しかし、結果的にはたかが奉公人の小娘と、「白塀《しろべい》さん」と呼ばれるほど白い土塀がつづく旧家の家柄からして、身分違いの私通だった。

その後、母は富農の家長から因果《いんが》を含められて暇《ひま》を出された。奉公先から遠からぬ引田町の実家に身を寄せた娘は、女児シヅ子をひっそりと産んだ。

元来、虚弱《きょじゃく》だった父も、笠置が生まれた翌年に22か23歳の若さで死んだ。

この引田町というのは播磨灘《はりまなだ》に面する港町で、醤油醸造《しょうゆじょうぞう》で栄えた古い町並みがいまも残る。町の西側を清流が流れ、榛《はん》の木の樹陰《じゅいん》にシヅ子の生家があった。

この女児が、曲がりなりにもその地で成人していたとすれば、後年の笠置シヅ子は誕生しなかったはずである。

❖乳をくれた人が、育ての母に

さて、どんなことが笠置の運命の転換点になったのだろうか。それは乳児をかかえて賃仕事《ちんしごと》をして、家計を切り盛りしていた笠置の実母が、乳の出が悪かったことにあった。

乳呑児《ちのみご》に一日じゅうピイピイ泣かれては、仕事もはかどらない。そんなとき、亀井うめという大阪に嫁《とつ》いでいた女性が、出産のため引田町の実家に里帰りしていた。次男を無事に生んだうめは、どういう経緯《いきさつ》があってかはっきりしないが、親切にもシズ子のために哺乳《ほにゅう》を買って出てくれたのである。

後年、笠置はうめのことを「義侠心《ぎきょうしん》がある」と評しているが、そんな心で授乳を引き受けたのだろう。

うめは、引田町の多額納税者でメリヤスと手袋工場を経営する中島家当主の妹だった。人情家で世話好きのうめは、大阪で薪炭《しんたん》や米・酒をあつかう仕事をしていた亀井音吉と所帯を持っていて、すでに長男もいた。

哺乳が2か月もつづいた頃には、情も移り手放すのが惜《お》しくなるのは人の常である。うめにとっては男の子二人に女の子だから、余計そんな気持ちが強くなってきたのかもしれない。

いっぽう、生母としてみれば若い女の身空《みそら》で乳児をかかえ、田舎町で生計を立てていくという境遇は、今日でも決して楽ではないであろう。ましてや時代は大正である。たぶん、親のすすめもあったのだろう。生母は、笠置を手放す決心をしたのである。いっぽう、裕福というほどではないうめが、笠置を「可愛いから」「情が出て」という理由だけで、夫に相談もせず養子にするのだろうか。

この点に関して笠置は、養母の気持ちを自伝の中でこう推量《すいりょう》している。

「養母の気持ちは今もってわかりません。決して私が別れ難ないほど可愛らしい子供だったとは思えませんので……」と書くが、それでも持病の心臓脚気《かっけ》があるうえ、実の子の育ちもいまひとつで、何かのときの頼みに自分をもらう気になったのかもしれない……と想像する。

筆者の考えるところ、どれも間違いではないだろう。いまと違って子どもは労働力という時代でもあった。

笠置が生まれて半年たつ頃、うめは同年生まれの次男の正雄といっしょに、彼女を大阪へ連れて帰ることとなった。

❖少女時代、大阪で芸能に目覚めて

〝藪《やぶ》から棒《ぼう》〟という言葉がある。半年ぶりに香川の実家から大阪に帰ってきた産後の妻を、梅田駅で出迎えた亀井音吉の驚きを表現すると、この言葉がふさわしい。

この場面を笠置は自伝で、以下のようにじつに生き生きと描写している。

「うわぁ、どないしてんねん。双子かいな。こりゃえらいこッちゃ」

「そやおまへん。一人はよその子を貰うて来ましてん」

「難儀なことやな。わが子ひとり育てるのがしんどいのに……それにしてもどっちがどっちだかわかれへん。うちの子はどっちゃだんねん」

「これが正雄だす」

養母はさらに意気込んで、

「どうだす。見てやっとくなはれ。こっちが貰うて来た女の子やがな。可愛いおまっしゃろう」

「なんや、しょむない、女のくせに、どえらい口、さらしてけつかる」

うめの意気込みと音吉の戸惑《とまど》いが、みごとに活写されている。「どえらい口」とは、笠置の特徴を知るわれわれには、これまたおかしみがある。

余談だが、黒澤明監督は映画「酔《よ》いどれ天使」で、歌う笠置を撮影する際に「のどちんこ」が見えるほど、その口にカメラを近づけて、彼女を辟易《へきえき》とさせている。

笠置は亀井ミツエ（のちに志津子、静子に改名）として育てられることとなった。うめの体が弱いこともあって、音吉は他所《よそ》の女や博打《ばくち》で、しばしば家を空けることがあった。

そんな音吉だったが、幼い笠置は音吉が家に帰ってくればまとわりつく。そういう意味では、父母の愛情に不足はなかった。

それでも不幸はあった。3歳になった次男の正雄が、風邪をこじらせて亡くなったのである。もともと、気管が弱かったせいもあった。

さて、いつ頃から笠置の芸事に対する芽生《めば》えはあったのだろうか。

正雄の四十九日がすんだ頃、うめはミツエを連れて、大阪市下福島のえびす様の近くに居を構える踊りの師匠の元を訪ねた。弟子入りのためである。

お師匠さんに促《うなが》されて、ミツエはいじけながら、粋《いき》なお座敷で唄われる小唄の「宵《よい》や町」を踊った。どうやら見どころがあったようである。


〽宵や町、そして恨みて、あかつきの……


どうしてこんな唄をミツエが踊れたのかといえば訳があった。このころ亀井の家では、米や薪炭の商いから風呂屋に商売替えをしていた。

そこへ芸妓上がりの浴客が戯《たわむ》れに腰巻ひとつで、番台のうめの膝から降ろしたミツエを前に、「宵や町」の踊りを教えてくれることがあったからだ。

うめはなぜ、ミツエに芸事を習わせようとしたのだろうか。うめが芸能好きなこともあっただろうが、体の弱いミツエの将来を案じてのことだったようだ。

これは笠置にとって幸運なことだった。生まれながらにスターになる人はいない。馬を水飲み場へ導くように、うめは将来の笠置の姿を知ってか知らずか導いてくれたのである。
ここに、笠置の芸能への目覚《めざ》めがあったことは間違いないといえよう。

❖生みの母との生涯一度きりの対面

実子として笠置に愛情をそそぐうめには、大きな悩みがあった。娘に出生の秘密を知られることだけは、何があっても避けたかったのだ。

二人がずっと大阪にいれば問題はないが、うめはことあるごとに香川の実家に帰らなければならない。

相生村の「白塀さん」の家にも、大正4年（1915）に亡くなった跡取り息子の法事があるので毎年、出席していた。そのうちうめは、物心がついた娘のミツエに、出生にまつわる隠し事がいつバレるかと、大いに怖《おそ》れるようになった。

そのためうめは、ミツエが8歳になって以降は「白塀さん」の法事にも顔を出さなくなった。親せき縁者にも固く口止めしたことはいうまでもない。

7歳くらいだったか笠置には、父の位牌《いはい》が飾られた「白塀さん」の仏壇の前で、お得意の「宵や町」を踊り、参会者に拍手された記憶が残っている。老いた祖父の目には、涙がにじんでいるように笠置には見えた。

ある日、笠置は養母がひた隠しにしていた出生の秘密を知ることになる。

笠置は自伝にこう書く。

「私はお蔭で大阪の松竹歌劇に入るまで、なんの疑惑も懊悩《おうのう》もなく、ただやさしい養母に甘えるだけ甘えて平和に過ごしてきましたが、18歳の秋に、とうとう私の秘密を知ってしまいました。多感な娘ごころに、これは大きな衝動でした」

笠置に実母がいたことが、なぜ彼女に知られることになったのだろうか。

笠置が18歳の夏のこと。松竹少女歌劇の団員だった彼女は、気管を悪くして休団していた。そこで養母は、笠置と8歳下の弟の八郎を連れて、郷里からさほど遠くない白鳥という白砂青松《はくしゃせいしょう》の海辺に避暑をかねて出かけたのである。

そんな折に、うめは兄の中島から「今年は白塀さんの息子の十七回忌だから唯一血のつながっている娘の静子を連れて出席するよう、白塀さんから強く頼まれている」と強要されたのである。

うめは抵抗したがかなわず、娘だけ法事に出席させて、大阪に残した夫からの矢の催促で八郎と共に帰阪した。

その結果、笠置は法事の席で、事情を知る年寄りが自分に向かって話す無神経な言葉で、「白塀さん」の家とは血のつながりがある、という疑念を抱くに至った。

中島の家にもどった笠置は、叔母を問い詰めて実母の存在を知ることとなった。


さて、実父母を知らずに養子に出された子が、自分の出生の真実を知ったとき、もしくは疑念を抱いたとき、どんな心理状態に陥るだろうか。

近年、有名な例では、作家の水上勉と成人後に劇的再会を果たした息子・窪島誠一郎のケースがある。窪島は戦没した画学生の絵を集めた「無言館《むごんかん》」の設立でよく知られ、近年は著作家としても活躍している。

窪島は13、14歳ころ、養父母は実の両親ではないのではないか、と疑念を抱いた。

きっかけは、両親とあまりにも違う容姿にあった。両親とは、顔も違えば体格も違うのである。のちに、両親とは血液型が違うことで、実の親子でないことも判明する。そこで成人後、窪島の長い実父母探しがスタートすることになった。

窪島が37歳で執念を実らせた親探しの顚末《てんまつ》は、父親が流行作家だったこともあり、大きな社会的反響を呼んだ。

水上勉が幼い窪島を手放した理由は、経済的困窮《こんきゅう》であった。巷間《こうかん》伝わるところによると、実母は、窪島と水上の劇的再会からおよそ22年後に、みずから不幸な死を選択している。窪島を手放したことを生涯悔やんでいたといわれる。

窪島は水上と再会後、実母とも2度ほど会っていたものの、以降、窪島はもう会うことはなかったようだ。彼には、どんな思いがあったのだろうか。

実親探しは、ハッピーエンドばかりではないのである。

実父母を求めるこの気持ちは、他人にはうかがい知れないものがある。笠置は自伝で、その苦悩と逡巡《しゅんじゅん》を率直に書いている。笠置の舞台上での底抜けの明るさは、この闇の深さとも関係あるに違いない。

笠置に強談判《こわだんぱん》されて、叔母が打ち明けた結果、彼女の心は晴れたのだろうか。決してそうではなかった。その複雑な胸中を自伝において、こう吐露《とろ》している。

「私はやっぱり聞かなければよかったと後悔しました。血肉をわけた母がきのう同じ法事の席に連《つ》らなり、またこの近くに住んでいるとわかると、どんな意外な事実を聞こうとも、いまの養母に対する気持ちは変わらぬという自信で聞き出してきた私の身構えがぐらついてきたのです」

18歳の娘である。揺れる娘心が手に取るようだ。このあと笠置は、近在に住む実母と対面を果たすことになる。

実母に会おうとする決断には、理由づけが必要だった。

人間の本能として、実母を求めることは自然の感情である。とはいえ、養母うめに対する後ろめたさもある。

なにしろ養母は、実母の存在をこれまで笠置に、ひた隠しに隠してきたからである。

笠置も、養母のその気持ちは痛いほど理解できた。

笠置は心の中で、こう折り合いをつけた。

自分が百日咳《ひやくにちぜき》で生死の境をさまよったとき、帯をひと月も解かずに看病してくれたお母さん、娘が死ねば自分も死ぬといってくれたお母さん、どんな人が出てこようと、お母さんはたったひとりだ……と。

半面、はたして実母はどんな人なのだろう、どんな人が出てこようが、自分さえしっかりしていれば問題はないはず……。

あれこれ考えるうちに笠置は、実母と会うことで母に対する気持ちの変化はないと確信したのだろう。実母を知りたいという気持ちに、功利的《こうりてき》なものは一切ない。実母との対面は、後にも先にもこのとき一回きりである。

仕立てを生業《なりわい》とし、6歳くらいの男の子がいて、笠置への負《お》い目を見せる実母と会い、笠置はこれはこれで得心《とくしん》したのではあるまいか。

実母と養母との間で揺れる心というよりは、実母と養母への自分の距離感を確認して、心の平安が得られたといっていいかもしれない。

実母との別れに際し、笠置の手には金無垢《きんむく》（純金）の置時計の入った小箱が握られていた。実母いとが、生前の夫から贈られたものだった。

❖宝塚に入れず、執念で松竹少女歌劇団へ

笠置は数え5歳から踊りを習い、小学校ではつねにトップの成績をもらうほど唱歌が得意だった。いっぽう亀井一家は、大正7年（1918）の米騒動があって怖い思いをしたこともあり、売り物の風呂屋を手に入れて転業していた。

大阪の十三《じゅうそう》にいた頃は、脱衣場で浴客を前にして歌ったり踊ったりしていたという。それが評判となって、十三の小屋掛けの「浪花節芝居《なにわぶしばい》」に出演することもあった。

小学校を卒業するにあたっては教師から、芸事の道を究《きわ》めるか、覚えがいいので看護婦などもよかろう、とのアドバイスをもらった。

看護婦の選択は両親には一笑《いっしょう》に付《ふ》されたが、それならと笠置本人は、近所の人に聞いた宝塚歌劇の入団試験を受けてみようと考えた。数え14歳になっていた笠置は、宝塚歌劇を一度も見たことはなかったものの、受験することを決意した。

現在の宝塚音楽学校の受験資格は中学校卒業が前提となっているから、笠置の頃はもう少し若い年齢だったようだ。

笠置はやせっぽちで背も低いが、試験では常識試験や口頭試問も難なくクリアした。周囲の受験生からも「合格まちがいなし」と声を掛けられていた。ところが、なんと体格検査で落ちてしまったのである。やせていたのと気管が弱かったのが、どうやら不合格の理由だったようだ。

それを聞いた父母は、大阪南地《なんち》の芸妓屋から芸妓見習いの下地《したじ》っ子《こ》に、娘をよこさないかと、かねてよりいわれていたので、ブラブラするよりは、とすすめてくる。しかし笠置は、芸妓はどうしても性《しょう》に合わないので行く気にならない。

芸妓というのは、お座敷に出ればどんな酔客にも調子を合わせ、心にもないお愛想の一つもいわなければならない。一本気《いっぽんぎ》な笠置の性格からして、性に合わないと思ったのだろう。

はたして、どうしたものか……と思案しているうち、ふといい考えが浮かんだ。

宝塚に対抗して松竹は少女歌劇団を作り心斎橋《しんさいばし》の松竹座を本拠にしていた。これを笠置は思い出したのである。

父母には、願書もすでに出してあると先手を打って、本人いわく「芸妓の虎口《ここう》を脱した」のである。

こうなると笠置も、もう後には引けない。そのときは生徒を募集などしていないことを承知で、松竹楽劇部の事務所へ押しかけた。しかし、若い事務員に入団志望を話しても、まったく取り合ってくれない。

ここであっさりと引き下がるわけにはいかない。引き下がれば下地っ子になるしかないのだ。翌日も、また次の日も押しかけてくる笠置を見て根負《こんま》けしたのか、事務員は音楽部長の松本四郎に引き合わせてくれた。

笠置はこれまでのいきさつを話したうえで、必死に決意を述べた。これが数え14歳の子がしゃべる言葉かと思うほど熱がこもっている。

「わては宝塚でハネられたのが残念だんね。こうなったら意地でも、道頓堀で一人前になってなんぼ身体がちっちょうても芸に変りはないところを見せてやろうと思いま

んね。どんなことでも辛抱しますさかい、先生、どうかお願い申します」（自伝より）
鶴のようにやせた松本の懐《ふところ》にすがって懇請《こんせい》する。そんな笠置の姿に何かを感じたのか、わかった明日からおいでと松本はいってくれた。
ほんまだっか？　と念押しする笠置に、しょうがないがなと答える松本。笠置の執念の売り込みが功《こう》を奏《そう》したのである。彼女の直情《ちょくじょう》と勝気《かちき》が如実《にょじつ》に表れたエピソードといえるだろう。
ここにようやく、笠置は芸能界に一歩をしるすこととなったのである。

❖豆ちゃん、大車輪で奮闘す

新しく入った者は仮入学といって、40〜50人の生徒が1か月後にはふるいをかけられ25人から30人くらいになる厳しい世界が待っていた。先輩は40人ほどいた。

当時の新人研究生は、松竹楽劇部に入って歌と踊りを習って、群舞《ぐんぶ》のメンバーとして舞台に立てばよい、というわけではない。新人は幹部の部屋付きとなって、彼女たちの雑用のいっさいを日々こなさなくてはならない。

笠置も5人の中堅幹部の部屋子となった。幹部が楽屋入りする2時間前には出勤して、部屋の掃除から化粧台の艶出《つやだ》し、化粧道具5人分の手入れをすまさなければならない。

幹部たちがくれば、洗濯物や縫物《ぬいもの》それに買物と、目まぐるしく立ち働く。当然、その間を縫《ぬ》って、歌や踊りの稽古や群舞の舞台も待っている。

背の低い笠置は「豆ちゃん、豆ちゃん」と呼ばれた。笠置自身の解説では、「私は大体元来が世話焼きでして、また身体が小さくてちょこちょこ動き回るものですから、大阪の花柳界にちいさいまげをひっつめて木綿の着物をきて芸者衆やかみさんなんかの用事をする豆奴《まめちゃん》というものがありますがそこからきたのでしょう」（自伝より）

となる。だが万事、完璧にやろうとすれば、体も心も悲鳴をあげてくる。

真冬に洗い物をしているときなど笠置は、松竹楽劇部を何度やめようと思ったか、と回顧《かいこ》している。実際、彼女の指の節《ふし》が高くなっているのは、このときの苦労である。

笠置は気働《きばたら》きに長《た》け、誰からも重宝《ちょうほう》がられた。いいか悪いかわからないが、新人が入ってきても、幹部たちは「豆ちゃんでなければダメ」という始末だった。

笠置は、この部屋子をとうとう5年間務めた。それもこれも、笠置にいわせると理由があった。つまり、歌劇団へまっとうな入り方をしたわけではないので、人一倍辛《しん》抱《ぼう》しなければならない、と自分にいい聞かせたのだ。

笠置のこの根性は、以降、松竹楽劇部内部でいかんなく発揮《はっき》されていく。いまの時代は違うが、当時は保守的で、新人が舞台で役らしい役をもらえるようになるには、時間も忍耐も必要とされていた。実力があるだけではダメなのである。

笠置は考えた。まず、先輩にかわいがられること。つぎに、休演者が出たときすぐ代役がつとまるよう、舞台袖《そで》で目を皿のようにして全部の役柄を覚えるようにした。

もちろん、楽屋の雑用も人を押しのけてまでこなすようにした。その結果、休演者が出れば、先輩たちが文芸部にかけあって、笠置を推薦してくれたのである。

こうなると、同期などから「やっかみ」を買うこととなる。さかんに陰口《かげぐち》をいう者もいた。しかし笠置は、いっさい気にしなかった。

それもこれも、自分を入団させてくれた松本四郎への恩義《おんぎ》に報《むく》いるためであり、父母にも申し訳を立てたいからだった。

笠置本人の語るところでは、同期生が廊下ですれ違って挨拶《あいさつ》してきても、これを無視することがあった。筆者の考えるところ、これは笠置の意地悪な気分がすることではなく、同期生や後輩など、まるで眼中になかったのである。とにかく早く一人前になること、それが先決だった。

笠置の初舞台は昭和2年（1927）の「日本新八景おどり」のレビューで、岩に砕《くだ》ける水玉だった。芸名は近所のもの知りが、三笠静子《みかさしずこ》とつけてくれた。踊りの素養《そよう》があるため舞踊専科に配属されたが、笠置は後年、自分の小さな体から舞踊は不利だと悟《さと》り、歌に転じることとなった。

それにつれて芸名も、笠置《かさぎ》シズ子と改めることとなった。一つ大きな理由として、天皇陛下の弟宮である澄宮《すみのみや》が「三笠宮家」を創設したため、それに配慮してのことでもあったという。

OSSK(大阪松竹少女歌劇団)の団員たちと。右から3人目が笠置(昭和8年)

❖少女歌劇の異端児、東京に進出

「好かんな、あの子、少女歌劇の夢も美もあらへんわ。ガサガサで、えげつのうて、厚かましうて……」（自伝より）

笠置はしょっちゅう声をつぶしていたが、どうやら彼女の舞台を観て、一部のファンの中には、そんなことを思う人もいたようである。

入団当初、カン高い声でがむしゃらに歌っていた笠置だけに、年じゅう声をつぶしていた。のどに包帯を巻いているのがトレードマークのようになっていた。

そんな笠置も、声楽専科に転じて歌うようになると、これが思わぬ健康法になったようだ。それまでは2週間の公演では、のどのみならず体力的にも持たなかったが、とても丈夫になったのである。

この頃の笠置について、服部良一の次のような証言もある。

「私が知り染《そ》めた頃の笠置君は頭のてっぺんから声を出していた。地声で歌うようにいったが『ラッパと娘』などもまだ三オクターブくらい高かった。だから初日になると声をつぶして医者にかかり、いつも筆談で用を足していた。それが段々地声がイタにつくとともに咽喉が丈夫になった」

服部は、「先進諸国の人のように肉体的に生活文化的に声のボリュームが望めるなら兎《と》も角《かく》、日本人が『つくった声』を出していると滅びるのが早い」という考えの持ち主であった。あわせて、エンターティナー、歌手としての笠置に対する服部の評価を引用してみたい。

「……彼女は鮮烈《せんれつ》なパーソナリティと自己演出とを合わせて一本になる歌手である。歌そのものからいえば、もっとうまい人がいくらでもいた。だが、いろいろなものを合わせると彼女ほど大衆の心理をつかむ歌手はいない」

「……洒落《しゃれ》たところで洒落た人たちだけに洒落た歌を聞かせるたぐいの人ではない。あくまでもゴミゴミした街の中で、大衆の灯となって歌う陋巷《ろうこう》の歌い女である。そこに彼女の生命があり、魅力がある」

陋巷とは、「狭く汚い路地。貧しくむさくるしい裏町」のことだ。当時、笠置は服部からよくいわれたそうである。

「君の声は色気がないな。電話で、わて笠置だす、といわれるとお座がさめるよ」

先述した、松竹歌劇ファンの言葉が的外れでないことは、笠置自身も認めていた。

「夢や希望」を松竹歌劇に求めていた人たちには、笠置は異質だったのだろう。

笠置本人も「ただ田舎者の向う見ずで、世に出ることばかりを考えていた私に、どうして夢や美がありましょう。最初から私は少女歌劇の異端児《いたんじ》だったのかもしれません」と自伝にある。

ともあれ、松竹歌劇団の生活をあと先考えずに送っていた笠置にも、少しずつチャンスが巡《めぐ》ってくるようになった。

昭和12年（1937）春、笠置は東京の国際劇場の「国際大阪踊り」に出演した。このとき笠置は幹部どころの出番で、「羽根扇《はねおうぎ》」を歌った。これが東京の松竹幹部の目に留《と》まったのである。

翌年、笠置は東上することになった。

❖信念を貫き通す、生一本の女性

ところで、笠置の当時の家庭の状況はどうであったか。

亀井家は、笠置をのぞいて7人の子が生まれたが、末弟の八郎以外みな早逝《そうせい》していた。八郎は昭和12年（1937）当時、19歳になっていた。

家業の風呂屋もその権利を売って、家族はその手持ちの金で生活していたようだ。笠置は、父親の道楽で借金のカタにでもなっていたのではないかと推測している。

とはいえ、病弱な母うめをかかえて父子が無職というわけにもいかず、天王寺の東門近くに散髪屋を開業した。そんな状況なので、笠置も月々の手当80円の大半を家に入れていた。笠置はお汁粉屋《しるこや》に入るのさえ、ためらわざるを得なかった。

そうこうするうちに八郎は、満州事変から中日事変へと戦雲が拡大するなか、四国丸亀の師団に入隊することになった。

だが後に太平洋戦争が勃発して、最愛の八郎は昭和16年（1941）12月に、仏《ふつ》領《りょう》インドシナ（現在のベトナムやその周辺）で戦死してしまった。

八郎から入隊時に「あとは頼む」と託されていたとはいえ、笠置は実質的に一家の大黒柱となる。

笠置シヅ子は抜群に記憶力がいい。彼女の自伝を読むと、それがよくわかる。描写がきわめて細かいのである。会話の細部まで昨日のことのように鮮やかである。まして、自分にとって大事な人の話となれば忘れようがない。

笠置と親しい人によると、笠置は10年前のことでも20年前のことでも期日から時間まで、じつによく覚えているそうである。

もう一つ笠置の特徴は、こうと決めたら突き進む一本気な性格にある。

母うめが亡くなったのは、昭和14年（1939）9月11日のことである。その前、東京の公演があり、主要キャストの笠置は代役がおらず、母が危篤《きとく》状態になっても大阪へ帰ることができなかった。

うめが今日か明日かの命になったときのこと。周囲の者が「大役がついて帰れない」という笠置の電報をうめに見せると、

喜劇王・エノケン（榎本健一）と共演し、舞台は連日満員に

「そんなら、あの子も東京でどうやらモノになったのやろ。わてはそれを土産にしてあの世に行きまっけど、わてが死に目に逢うてない子を、生みの親の死に目にも逢わせとない。わてが死んだあと、決して母が二人あることを言うておくれやすな」と、きっぱり言ったそうだ（自伝より）。うめの執念《しゅうねん》か、はたまた業《ごう》だろうか。

笠置は笠置で、これはこれでよかったと思っている。死に目には会えなかったが、生みの親など知らないとシラを切り通せたのだから。

大戦期前後の国民的な喜劇王のエノケンこと榎本健一《えのもとけんいち》は、笠置を評して「生一本《きいっぽん》の人」と呼び、「舞台と楽屋の裏表がない」と褒《ほ》めている。

いつでも捨て身で気どりのない笠置のことが、エノケンは好きなのだ。

笠置はこうと決めたら、こざかしい真似《まね》はしない。親を守ると決めれば、自分を捨てても死ぬまで面倒を見る。

弟・八郎のためなら、軍隊を退役したあとのことを考えて、松竹退団の際の退職金すべて、1000円近い金を定期預金にして渡そうとしていた。

笠置は、これまでもそうだが、これからもそうやって生きていくつもりだった。

5章　恋と悲しみと結晶

❖恋の予感、眉目秀麗な青年は…

運命的な恋というのはあるのだろうか。まして、その後の人生さえ大きく左右する恋ならば……。

どうやら笠置と吉本穎右《えいすけ》との恋が、それに違いなかった。

笠置と穎右との初めての出会いは、昭和18年（1943）6月28日と、自伝にははっきり書いている。よほど印象深かったのである。

昭和18年といえば、太平洋戦争も重大局面を迎えつつあって、笠置も工場慰問《いもん》などが増えて、都市部での公演は少なくなっていた頃である。

そんな最中、笠置は名古屋の大須《おおす》・太陽館に出演していた。ちょうどその頃、名古屋の御園座《みそのざ》では、新国劇《しんこくげき》が「宮本武蔵《みやもとむさし》」を掛けていた。

主演は辰巳柳太郎《たつみりゅうたろう》で、かねてより同じ関西出身とあって辰巳とは昵懇《じっこん》の笠置は、自分の舞台の合間を縫って辰巳の楽屋へ顔を出した。

笠置がふと、半分まくれ上がった楽屋ののれん越しに振り返ると、廊下を一人の青年が行きつ戻りつしているのが目に入った。

グレーの背広をシックに着こなした眉目秀麗《びもくしゅうれい》な青年の姿は、笠置の目に強く焼きついた。頭を丸坊主にしていて学生らしかった。これが吉本頴右だった。

頴右はどうやら笠置のファンであることが、しばらくしてわかることになる。まして彼は、吉本の御曹司《おんぞうし》である。そんな彼が笠置の大ファンと聞いては、意識しないほうがおかしい。

それでも笠置は、青年がまだ学生と聞いて、すっかり気が楽になった。そのうえ、年齢差がかなりあるので、へんに取り繕《つくろ》う必要がなくなったのである。

これが、二人の恋のスタートとなった。

ある事情通によると、それが笠置の初恋かどうかはわからないが、松竹楽劇団時代に彼女はある華族《かぞく》の青年に夢中になり、破局に終わるとすっかり落ち込んだことがあるとのことだ。

すでに29歳になっていた笠置は、顯右に対するほのかな恋情《れんじょう》をどう育てていくつもりだったのだろうか。

笠置は以来、顯右をなにかと便利屋あつかいして用を頼んだりするが、彼は嫌《いや》な顔ひとつせず応じてくれるのである。

笠置の見るところ、顯右はさすが芸能界のことに詳しく、くわえて鋭い観察眼の持ち主だった。

ここまで書くと、顯右が一方的に笠置に好意を寄せているように思われるが、どうやらそうではなかったようである。後年、顯右は笠置にこの頃「特別な感情」はなかったと打ち明けている。

笠置の大ファンであることは間違いないが、恋愛の対象ではなかったということになるのだろうか。

それでも、笠置が旅公演から帰るとき「迎えにきて」と電報を打てば、顯右は駆けつけてきたという。「好意以上、恋愛未満」というレベルだったのかもしれない。

❖頴右ぼんは吉本興業の御曹司

さて、吉本頴右という人物を理解するには、当時の吉本興業について少し触れておかなければならないだろう。

いまや吉本興業といえば、所属するたくさんの芸人・タレントが、朝から深夜までテレビに出ている。子どもたちにとっては、松竹や東宝よりよほどお馴染《なじ》みかもしれない。

そもそも吉本興業は、大阪内本町の荒物《あらもの》問屋「箸吉《はしよし》」の次男・吉本吉兵衛が、天満天神の裏門にあった寄席《よせ》「第二文芸館」を明治44年（1911）に買い取って始めた、寄席経営がルーツである。

吉兵衛はこの前年に、兵庫県明石市の米穀商《べいこくしょう》の三女・林せいと結婚していた。なぜ寄席経営に乗り出したのかといえば、吉兵衛は若い頃から遊芸《ゆうげい》の通人《つうじん》で、寄席芸人を可愛いがっており、それが高《こう》じて寄席「花月」を経営するに至ったのである。

しかも、吉兵衛には経営の才覚があり、安い木戸銭《きどせん》（見物料）と盛りだくさんの番組編成で、あっという間に客の心をつかんだ。

勢いにのって大阪に複数の寄席を持ち、のみならず京都、神戸、東京と花月チェーンを全国展開するほどの成功を収めた。

吉本せいも当初は、寄席の現場でさまざまに立ち働いていた。夫婦とも目端《めはし》が利《き》いて、度胸もあれば人使いもうまかった。

すべてが順風満帆《じゅんぷうまんぱん》なとき、突然、悲劇が起こる。大正13年（1924）、吉兵衛がなんと37歳の若さで、急性心筋梗塞《しんきんこうそく》のため亡くなったのである。

せいがただの女性でなかったのは、ここからである。大正時代の興行の世界といえば、いささか乱暴な荒くれ者の興行師たちを相手にしなければならなかった。

せいは、家業の米穀商をきらって吉本興業にすでに入社していた実弟の林正之助、弘高をしたがえ、亡夫の遺志を継いだのである。

尼将軍《あましょうぐん》もかくやと陣頭《じんとう》指揮を振るい、どんな男を相手にしても、一歩たりとも退《ひ》くことはなかったといわれる。そんな姿を見聞きする芸人の、せいに対する信頼も厚いものがあった。当時、せいにはすでに三女がいて、お腹には頴右を身ごもっていた。

それからおよそ20年がたっていた。

吉本興業は、せいと実弟二人の類《たぐい》まれな才覚もあって、事業の規模はさらに拡大。寄席興行の会社から、漫才を中心としたボードビル（ショー・ビジネス）劇場へと路線転換をはかり、近代的な演芸企業へと脱皮していた。とはいえ、興行の世界は暗部もあれば、どんぶり勘定的なシステムがまだまだ残っていた。

その頃の頴右は早稲田大学の学生であったが、若くて頭の回転も速いだけに、吉本興業の今後には一家言《いっかげん》を持っていたという。社員や芸人の中には、そんな頴右に未来を期待する向きもあったようだ。

ともすれば、いまだ因習的な雰囲気の残る大阪ではなく、頴右が東京の大学に入った理由には、そんな点もあったのかもしれない。

東京の市谷富士見町には吉本の別宅があり、頴右は当初そこに住んでいたが、空襲が激しくなって焼け出されてしまうことになる。

❖恋は、揺るぎない相惚れへ

笠置シヅ子と吉本穎右の恋愛は、知り合ってたちまち燃えあがったわけではない。それがかえってよかったのかもしれない。

穎右はまだ学生で、年齢も違いすぎるし、身分も違う——これが笠置が当初、彼と心理的に距離をおいた理由だった。

とはいえ笠置は、父と暮らす家へ穎右を招き、彼も市谷の家に笠置を招いたりしている。身寄りの少ない笠置にしてみれば、ハンサムで若い都合のいいボーイフレンドが穎右だった。

穎右は、わがままだが苦労人肌な性格もあって、人の心を読むのがうまく、笠置もじょじょに甘えていった。いっぽう穎右も、腫物《はれもの》に触《さわ》るような接し方をする母せいとは違って、笠置の遠慮のない親身の愛情に、どんどん惹《ひ》かれていく。

それがわかってきた笠置は、それまでことあるごとに「なんや、興行師の小倅《こせがれ》のくせして」などという小馬鹿にする言葉が出なくなってしまった。

互いに以心伝心《いしんでんしん》で、男女の愛情を確信したのである。まるでクラーク・ゲーブルとクローデット・コルベール主演の映画「或《あ》る夜の出来事」のような成り行きになってきた、と笠置は自分たちをなぞる。

1934年に公開された「或る夜の出来事」は、どんな物語か。大富豪の娘エリーは、パイロットの婚約者との結婚を父親に猛反対されたため、無一文で家出をしてしまう。

旅先で金のない好青年のピーターと出会うと、一緒に旅をつづける。エリーはピーターに恋心をいだくが、ふとした行き違いで、エリーはピーターにフラれたと勘違いしてニューヨークへ戻ってしまう。

しかし父の決めた婚約者との結婚を控えても幸せそうでない娘を見て、その理由を知った父親は、娘にクルマを与えてピーターのもとへ送り出す――。

身分違いの恋模様を描いた映画だが、笠置はこれに、自分と頴右の恋を重ね合わせたのである。

笠置と頴右が相思相愛になったのは、出会いから1年半後の昭和19年（1944）暮れであった。先にも述べたが、一目惚れ《ひとめぼ》れでパッと燃えあがった恋ではなく、笠置が自伝でいうところでは、

「見せかけも気取りもなく、洗いざらい叩きつけたうえでの相惚れ」なので、この関係はまったく揺《ゆ》るぎのないものになった。

昭和19年といえば日本人にとって、敗戦まぢかのひどい時期であった。ただ、甘え放題に甘えられる頴右がいたことは、笠置自身が「わが生涯最良の年」というように、彼女にとっては華やぐ輝かしい年であった。

❖結婚はもはや時間の問題か…

終戦後の笠置は、東急池上線沿線の洗足池《せんぞくいけ》のほとり、閑静な大田区東雪谷《ひがしゆきがや》の住宅の2階に住むことになった。美容院で知り合った夫人の家に間借りをしたのである。頴右はしばしばここへ遊びにきたが、二人一緒に電車に乗っているところを知り合

いによく見つけられた。そんなときは、顯右がうまく言い逃れをしたものだが、笠置もなにかと気をつかわざるを得なかった。

そうこうするうちに、顯右は大学を中退してしまった。そして、重役見習いとして吉本の東京支社に通うようになる。

この決断を笠置は、顯右が結婚を視野に入れてのことだったに違いないと推測する。母せいや、東京にいる叔父たちに話を切り出すにしても、学生の身分ではどうにもならない。結婚するには、少しでも早く社会人として働くしかない。

ただ、この決心には落とし穴があった。すでにロクマク（結核菌によって起こる肋《ろく》膜《まく》の炎症）に罹《かか》ったりして、顯右の体は健康ではなかったからである。

実際に働いてみれば、芝居の舞台稽古に付き合って徹夜をしたり、芸人の慰《い》労《ろう》で酒を飲みすぎたりすることもあった。

笠置が顯右に、結婚を早くとせがんだことは一度もなかった。逆に顯右からは、仕事をやめてほしいとせっつかれることは何度もあった。

芸歴20年に近い笠置にそういうくらいだから、顯右に結婚の意志があったことは間違いないだろう。
笠置としては芸への未練は断ちがたいものがあった。しかし、頴右が幸せになるならそれを受け入れようと決めていた。
「私は小さい時から他人の中を抜き手を切ってきた女ですから、ウカツには他人を信用しないのですが、一度信頼すると、また相当のしつッこさなのです」（自伝より）
笠置が結婚したとして、はたして引退したかどうかは微妙だろう。ともあれ、結婚が時間の問題であったことは確かに違いない。

❖帰郷する頴右、身ごもるシヅ子

大学を中退した頴右だが、やはり吉本せいの子であって、業界の水に合っていたのだろう、周囲の心配をよそに飛び回る日々を送っていた。

そして、こうした頴右の仕事ぶりについての情報は、逐一《ちくいち》せいに報告がいっていたに違いない。遠く離れた関西にいるせいにしてみれば、これが心配でならない。本家に帰ってくるよう、しばしば督促《とくそく》していた。

顓右が空気の汚い東京にいることも心配だし、何よりそろそろ還暦《かんれき》になるせい自身が、胸部の持病で健康に問題をかかえていたのだ。強運なせいは、これまで何度となく危機的状況を切り抜けてきたが、ようやく安定的な健康を保ち得ていた。

今後は、顓右を手元におけば彼の活動をセーブすることも、健康状態を日々チェックすることもできるのだ。

笠置にしても、顓右が「私の大事な人」になってからは、甘えてばかりいられないと自覚していた。せいからの帰阪の催促になかなか応じない顓右に、笠置は「親孝行」をすすめ、帰阪を強く促した。

笠置にしてみれば、健康に不安をかかえる顓右に万一のことがあれば、せいにも申し訳が立たないこともあり、この気持ちにウソ偽りはなかったのである。

大阪に帰る顓右を途中の琵琶湖の湖畔《こはん》まで送っていき、東京へ戻ってからすぐのこと、笠置は自身の妊娠を知った。3か月だった。

子どもを産むことは問題なかったが、このままでは生まれてきた子どもは私生児になってしまう。「父《てて》なし子」は、親も子も世間に対し異常に肩身が狭い時代であった。籍の問題はあったが、性急《せいきゅう》にことを運べば頴右の立場を苦しくさせるばかりか、老い先みじかいせいいに打撃を与えかねない。

かねてより頴右は、結婚が許されない場合は「家を出てもいい」とまでいっていたが、それは笠置の容認するところではなかった。

吉本興業の御曹司として、影響が大きすぎるからだ。

その年の12月、ちょうど関西で仕事が入っていた笠置は、神戸・八千代座に訪ねてきた頴右と相談することができた。

笠置が妊娠したことを知ると、頴右は感慨深そうな面持《おもも》ちであった。また笠置は、籍の問題は四方八方《しほうはっぽう》円満にことを進めてほしいと要望した。

こういうところは、笠置は大人だった。あわてて解決を迫れば、頴右の若さと立場から、彼を追い詰めることはわかっていた。

これは頴右の考えるところも同じで、条件がそろったところで、いっきに解決へ踏み切る肚《はら》づもりを彼は明かすのだった。

翌昭和22年（1947）1月29日、笠置は日劇の「スヰング・カルメン」に主役として出演している。お腹の子はすでに5か月になっていた。激しい動きの舞台であり、笠置も出演を危惧《きぐ》するものであったが、頴右もまた、出演を断念してほしいとの意向を伝えてきた。

しかし、東宝もたいへんに力を入れていて、演出の白井鐵造や音楽の服部良一らの期待をひしひしと感じる笠置は、これを一身上の理由で降りる気持ちになれなかった。

2月17日、舞台は無事に千秋楽を迎えた。

笠置は頴右と暮らすため、会社から金を借りて世田谷区若林の松陰《しょういん》神社前に、やっと自家を構えた。床の間には頴右の好きな与謝蕪村《よさぶそん》の軸まで掛けて、彼の来訪を心待ちにした。出産までは何が何でも、頴右に滞在してもらうつもりだった。

その間、頴右からは何度も上京すると知らせがあったが、とうとう来ることがなかった。野球見物で熱が出たとか、理由はさまざまだった。

こうなると笠置は、心配で心配で居ても立ってもいられなくなった。どうしても自分から大阪に行くと決めた5月3日のこと、「いよいよ動けなくなった。大阪医大に入院させる」という恐ろしい便りが届いた。

旅立った命、授かった命

笠置の出産予定日は、5月15日である。いまのように新幹線で2時間半、というわけにはいかない。1日がかりの旅行なのだ。出産間際の母胎には負担が大きすぎる。大阪行きを断念する旨、吉本の関係者に連絡すると、折り返し頴右から「来るには、及ばない。早く子どもを見にいけるよう養生するから」という連絡があった。

いっぽう笠置は、15日の出産予定日をすぎても陣痛の兆しはなかった。笠置の不安と焦燥《しょうそう》は消えるものではなかった。

すると案の定18日に、梅雨時が山だ、これを越せるかどうかに生死がかかっている——との最後通牒《つうちょう》のような連絡があった。

運命の日は19日の晩遅くだった。死亡診断名は「奔馬《ほんば》性急性肺炎」であった。これをマネージャーから病院で聞かされたとき、笠置は「頭を後ろから金槌《かなづら》で打たれたように気が遠くなりました」と、そのショックの大きさを表現している。もう取り乱しはしまいと、笠置はマネージャーと今後のことを相談するのだが、それにしても彼女は、母の死に目に会えず、最愛の人の死に目にも会えぬ、わが身の不幸に思いを致すばかりだった。

本書の冒頭に記した3万円の預金通帳は、頴右が生まれてくる子のために、給料から貯めた金だった。名義は子の名義になっていた。この行き届いた頴右の気づかいに、笠置はベッドの上で泣きに泣いた。

6月1日、無事にヱイ子を出産した笠置が、頴右の母せいと会うことになったのは、その年の9月だった。

以前、写真で見たでっぷりと太ったせいは、それよりもかなりやせていた。病気はかなりよくなっていたのだろう。自伝には二人の対面が、感動的に描写されている。

「エイスケが、えろうお世話になりまして……」

と頭を下げるせいは、ヱイ子を自ら風呂に入れ、用意してあった新しいおくるみを着せるのだった。あせもを防ぐ天花粉《てんかふん》（パウダー）さえ用意してある。

そんなせいを見て、笠置は彼女の度量の大きさを実感することになった。親の望まぬ恋をして息子の命を縮めた女と、たとえ憎まれたとしても仕方ないのに……。するとせいは、こんなことをいって、笠置をさらに驚かせた。

「エイスケがこの世に残して行ったいちばん大きな置き土産だすよって、大事にしてやっとくなはれ」

笠置は、

「私はこの言葉だけで、悲しみと苦しみの一切が総身から抜けてゆくような気がしました」

と自伝にある。

「東京ブギウギ」のレコード発売は、この日からおよそ4か月後のことであった。

＊参考文献

『歌う自画像　私のブギウギ傳記』（笠置シヅ子著／北斗出版社）
『ぼくの音楽人生――エピソードでつづる和製ジャズ・ソング史』（服部良一著／日本文芸社）
『上海ブギウギ1945　服部良一の冒険』（上田賢一著／音楽之友社）
『わたしの渡世日記』（高峰秀子著／朝日新聞社）
『ひばり自伝　わたしと影』（美空ひばり著／草思社）
『虹の唄』（美空ひばり著／大日本雄弁会講談社）
『ブギの女王・笠置シヅ子』（砂古口早苗著／現代書館）
『昭和・平成家庭史年表』（下川耿史編／河出書房新社）
ほか雑誌多数。

柏 耕一――かしわ・こういち
1946年生まれ。出版社に勤務後、編集プロダクションを設立。書籍の編集プロデューサーとして活躍し、数々のベストセラーを生みだす。その後、著述家としても活動。おもな著書には、『75歳、交通誘導員まだまだ引退できません』『交通誘導員ヨレヨレ日記』『武器としての言葉の力』『十四歳からのソコソコ武士道』『岡本太郎 爆発する言葉』などがある。

笠置シヅ子 信念の人生
ブギの女王！超絶伝説

2023年11月20日　初版印刷
2023年11月30日　初版発行

著者――柏 耕一
発行者――小野寺優
発行所――株式会社河出書房新社
〒151-0051 東京都渋谷区千駄ヶ谷2-32-2
電話(03)3404-1201(営業)
https://www.kawade.co.jp/

企画・編集――株式会社夢の設計社
〒162-0041 東京都新宿区早稲田鶴巻町543
電話(03)3267-7851(編集)

DTP――イールプランニング
印刷・製本――中央精版印刷株式会社

Printed in Japan ISBN978-4-309-25715-0